LA CINTA PERFECTA

TODO LO QUE TIENES QUE SABER DE LA MÚSICA DE LOS OCHENTA EN CINTAS DE 60 MINUTOS

MARTÍN MILONE

CON ILUSTRACIONES DE JUANFRANMIGUEL

Saralejandría ediciones

Del texto:
Martín Milone Bravo
De las ilustraciones:
Juan Francisco Miguel
De la foto portada:
Mike Calvo
De la foto solapa:
Alfredo Arias
Perfil profesional:
@martinmilone
Diseño de edición:
Elena Torres Andrés
De la presente edición:
Grupo Sar Alejandría S.L
Edita:
Saralejandría Ediciones
ISBN: 978-84-10105-82-9
Depósito Legal: CS 92-2025

A mi madre, por traerme a este mundo, regalarme mi primer walkman y mi primer grabador. Soy música gracias a ti.

A Fabián, Mariano, Gonzalo y Fernando, por atravesar mil veces Buenos Aires buscando discos en las bateas de todas las tiendas de música de la ciudad.

A todos con los que compartí conciertos, discos, cassettes y discotecas, grabé una cinta, quemé un CD o hice una playlist, aunque no lo sepas (o sí) eres parte fundamental de este libro.

A Nick Hornby, por existir.

A Juan por estas ilustraciones, y por ser mi cómplice creativo la última década.

A mis amores: Marta, Nina y Gilda.

Prólogo

El día que murió Prince

21 de abril de 2016. Me encuentro grabando una entrevista a Leiva para una presentación de unos documentales musicales. Estamos en un estudio de grabación de la periferia de Madrid. A la dirección y realización: Doctor Cerebrus. Es un instante del que hay que aprovechar todo. El tiempo de Leiva es muy valioso. En un momento determinado, me distraigo porque veo que Martín Milone mira su teléfono con insistencia. Vuelve a hacerlo. Ya no puedo sacarlo de mi punto de mira, situación que se agranda cuando lo veo caminar hacia la puerta de salida, interrumpiendo por un momento la toma. Se disculpa.

-Chicos, sigan grabando. Disculpen.

–Disculpen que tuviera que salir. Acabo de leer que se ha muerto Prince.

Aquel estudio de grabación se quedó en un silencio inhabitual en sus paredes. Bowie acababa de morir y no sabíamos que Cohen también caería aquel año. El tono de Martín a la hora de hablar de la muerte de Prince sólo era comparable a la manera de hablar de un familiar que has perdido. Y en cierto modo, así era.

No ha habido ni una sola vez que haya hablado con Martín Milone y no haya hablado de música. A veces, un tratado sobre *The Black Saint And The Sinner Lady* de Charles Mingus, otras, las grabaciones de Johnny Cash con Rick Rubin a las que les ha desdibujado el surco de su vinilo, y siempre algo de Charly García.

No es tan habitual, incluso en el terreno de los profesionales de la música, encontrar a personas que trabajen con las coordenadas equilibradas de conocimiento y pasión musical. Gente que quiera hablar de canciones, grabaciones, alguien con quien pelear por saber el año de grabación de un disco. Personas que disfruten compartiendo el paladeo de un compás de Kamasi Washington, o el descubrimiento de un nuevo nombre que a no mucho tardar será un nuevo refugio cada vez que te pongas los auriculares. Y Martín es ese tipo de persona. Ese que confirma aquella cita de García Márquez que decía que "lo único mejor que la música es hablar de la música". Así pues, hagamos caso al maestro. Hablemos de música.

Ángel Carmona

Índice

¿QUÉ HAGO YO ESCRIBIENDO UN LIBRO? 8

MTV Y LOS CASSETTES. MI DROGA DURA DE AQUELLOS AÑOS..........16

GRABAR UNA CINTA PERFECTA 22

HABLEMOS DE GÉNEROS MUSICALES 26

LA CINTA PERFECTA PARA CADA ESTILO...............................30

   1.POP...32

   2.ROCK 38

   3. HEAVY METAL 44

   4. TECHNO POP..50

   5. NEW WAVE (Los raros peinados nuevos) 56

   6. POST PUNK 62

   7. NEW ROMANTIC..68

   8. SOPHISTI-POP 74

   9. GÓTICO/DARK 80

   10. HAIR/GLAM METAL 86

   11. HIP HOP 92

   12. EURODANCE, ITALO DISCO Y EURO BEAT 98

   13. HARDCORE PUNK 104

   14. INDIE..110

   15. SOFT ROCK..116

   16. ACID HOUSE 122

   BONUS TRACK: SOUNDTRACKS 128

¿Qué hago yo escribiendo un libro?

¡Hola! Lo primero es agradecerte que tengas entre tus manos este libro, no sé cómo llegaste a él, si fue un regalo o fue por decisión propia, en todo caso, repito mi agradecimiento y espero que pasemos un buen rato juntos.

También es probable que pertenezcas a mi quinta (tengo 55 palos fresquitos mientras escribo estas palabras) y que la década más denostada y amada por partes iguales —y reciclada también— haya sido en la que creciste y se definieron muchos de tus gustos musicales y personales. Todos esos impactos visuales y sonoros hicieron mella en nuestro cerebro para siempre y marcaron nuestro desarrollo intelectual. Por eso, cuando vemos letras de neón, una chaqueta con hombreras o una corbata con teclas de piano, se despierta en nosotros una vergüenza enorme por sentirnos parte de ese universo que solo fue la parte decorativa de aquellos años. Los 80 por suerte para nosotros, fueron mucho más que un cliché.

Y si aún no pasaste la mitad de siglo y estás leyendo esto con ojos de antropólogo/a intentando descubrir qué fue lo que pasó y sonó por aquellos años, prometo ayudarte a desentrañar -al menos un poco- esa madeja sonora que fueron los ochenta.

Dicho esto, me presento:

Mi nombre es Martín y soy un tarado de la música en general y de los 80 en particular. Aclaro antes que nada que no soy músico, ni periodista, ni nada que se le parezca. Me dedico a la producción audiovisual para ganarme el pan de cada día a base de crear contenidos para internet (seguro que te cruzaste con algún podcast, *reel* o vídeo de nuestra factoría, Doctor Cerebrus), pero reconozco que no concibo la vida sin música.

Estoy en condiciones de confirmar que no pasé un día de mi vida sin música de fondo, al menos desde que tengo conciencia. Considero que es la gasolina que mueve mi mente y mi cuerpo para poder ser funcional en mi día a día.

Como solía decir Nietzsche —tranquilos, este libro no va de citar filósofos—

"La vida sin música sería un gran error"

Insisto en que no soy músico ni periodista para dejar constancia de que cada palabra escrita en estas páginas surge de mis sentimientos, gustos personales y experiencias vividas en aquellos años. Lógicamente, mucha de la información que vas a leer aquí está contrastada y la puedes encontrar en muchos sitios. Consumo compulsivamente contenidos de gente que sabe mucho más que yo de aquellos años y tienen diferentes perspectivas, constructivas y profundas, de lo que fueron aquellos años.

Mi única intención aquí es dejar plasmadas mis experiencias y compartirlas contigo. Esto es una guía de aquellos años que carece por completo de intención académica, es solo el relato de mis recuerdos y todas las emociones que provocaron aquellas canciones en mi persona.

La década en cuestión la comienzo a mis tiernos 10 años y finalizó celebrando mis 21. Todo el proceso de niño a adulto sucedió durante estos años. Lógicamente, la música que sonaba se convirtió en el *soundtrack* de mi vida y toda esa cultura hizo mella en mí hasta el día de hoy, donde sigo enganchado a aquellos sonidos que forjaron mi identidad y gran parte de mi personalidad.

En ese momento de cocción física y mental disfruté, todos los géneros musicales que aparecen en este libro, algunos con más fuerza que otros, pero de todos ellos me llevé alguna experiencia digna de contar.

Por aquellos años yo vivía en Buenos Aires, Argentina —este dato es importante para entender mi percepción de la música— que queda muy lejos del resto del mundo y todo lo que llegaba a nuestras orejas por aquellos años lo consumíamos con ansias febriles. En 2024 internet nos permite tener acceso ilimitado a toneladas de música desde que existe el registro sonoro. Pero a principios de los ochenta, Argentina estaba bajo el poder de los militares, sufrió una guerra contra Inglaterra por las Islas Malvinas y se prohibió la difusión de música en inglés en las radios. Todo llegaba con cuentagotas y cierta música se traficaba casi en el mercado negro.

A partir del año 1983 vuelve la democracia al país y eso genera una apertura cultural desmesurada, y toda la música que estaba prohibida o no tenía difusión, nos explotó en la cara a una generación de adolescentes que estaba reprimida. Como puedes imaginar, el efecto rebote que tuvo en nuestra vida fue determinante: pasar de la nada al todo era algo bastante difícil de gestionar.

Queríamos formar parte de todas las tribus urbanas de golpe: Punks, Ska, New Romantic, Góticos... Se habían acumulado muchísimos discos, bandas y canciones que necesitábamos conocer y explorar. Todo esto nos encuentra a algunos en esas edades donde pertenecer a un grupo te ayuda a definirte como persona, teníamos una oferta interminable para elegir y no sabíamos por dónde empezar.

Me considero una persona muy curiosa, me costaba mucho cerrarme sólo en un género musical, todos tenían algo que me gustaba. Cada uno de los años de esa década fui descubriendo y acumulando artistas y discos muy dispares, de todos los estilos y géneros posibles. Todas esas canciones sirvieron para crear una identidad musical que puedo definir como "exageradamente ecléctica", por no llamarla esquizofrénica.

> Está claro que para llegar a mi momento actual de apertura musical pasaron muchos años y una maduración personal que me permitió abrir mi cabeza y liberarla de prejuicios y etiquetas ridículas. Hoy me puedes ver disfrutar con la misma emoción un concierto de The Cure o Raphael. Reconozco que, para que esto suceda, tuve que quitarme muchas capas de tontería y aceptar a los artistas por su talento y no por las etiquetas y estigmas que le ponga la crítica pretenciosa o los tontos que se quejan antes siquiera de escuchar aquello que destrozan.

Por todo esto, cuando me propusieron escribir este libro, mi respuesta fue un «Sí» inmediato. Fue tanto y tan bueno lo que me pasó por aquellos años que me consideraría un egoísta si no comparto esa experiencia y todo el conocimiento adquirido contigo. Y espero, sinceramente, que cuando termines de leer (y escuchar) este libro entiendas mejor aquellos años y puedas sentir lo importantes que fueron en mi vida.

MTV y los cassettes. Mi droga dura de aquellos años

Hay dos factores determinantes que impulsan la explosión musical en los 80. Uno es el nacimiento de MTV y el otro es el *walkman*. Para mi generación, estos fueron los pilares del consumo y descubrimiento musical. Voy a meterte un poco en materia para que puedas dimensionar la importancia de estos dos hitos en la historia de la música y en la de mi versión adolescente.

El 1 de agosto de 1981 se estrenó en Estados Unidos *Music Television*, conocido popularmente como MTV, un canal de televisión por cable que emitía videoclips 24 horas al día.

Hasta ese año los videoclips cumplían una función promocional para el lanzamiento de un disco o un nuevo *single*. Lógicamente, no todas las bandas o artistas se podían permitir producir una pieza audiovisual de 3 minutos que fuera más allá de un par de cámaras en un estudio de televisión grabado en *playback*.

Artistas enormes (y con presupuesto) como Queen, Kiss o David Bowie, podían ir un paso más allá y hacer videos más rocambolescos (el de *Bohemian Rhapsody* de Queen es probablemente el mejor ejemplo), pero no todos tenían esa posibilidad. Ni remotamente.

A partir del nacimiento de MTV, la explosión artística y creativa fue demencial. No solo para los músicos: muchos realizadores, guionistas de publicidad o jóvenes directores de cine encontraron en esos "cortometrajes musicalizados" la vía para expresar su enorme talento.

Los videoclips de artistas como Duran Duran, The Cure, Madonna o Michael Jackson funcionaron como amplificadores de una estética que invadió el mundo a todos los niveles. Todos los chicos del planeta queríamos llevar el peinado como Simon Le Bon de Duran Duran y las chicas copiaban al detalle cada look de Madonna. La explosión de la cultura Pop encontró su mejor aliado en este canal de televisión por cable que, dos años después, pasó a ser determinante en la promoción de cualquier artista que pretendiera existir en la escena musical del momento.

Pero todo eso sucedía en el gran país del norte. En Argentina, la cadena no aterrizó hasta ya entrados los 90, pero, como allí somos más listos que el hambre, inventamos algo que tuvo un esplendor enorme por aquellos años: los video bares.

Básicamente, se trataba de bares con televisores conectados a un reproductor de VHS que reproducían cintas grabadas por familiares o amigos que vivían en algún sitio de EE. UU. y las enviaban por correo. De esa manera nos manteníamos actualizados de las novedades. Por suerte, en aquellos años los lanzamientos no nos desbordaban como pasa ahora, los discos de éxito tenían una vida más larga (si era un pelotazo, los *singles* podían estar rotando dos años de promedio) y eso permitía que los videoclips no quedaran obsoletos en pocas semanas. Pero también reconozco que algunos sitios no renovaban tan seguido el material y te ponían la misma cinta una y otra vez en bucle durante toda la noche. Creo que ahí nace mi odio profundo a Dire Straits y su infumable *Walk Of Life* (si eres fan no te ofendas, tengo un trauma con esta gente).

Y el segundo gran aliado en la conquista de nuestras orejas juveniles fue el walkman.

El 1 de julio de 1979, Sony pone a la venta el primer reproductor portátil de música. En estos tiempos que nuestro teléfono tiene acceso a toda la música que existe, nos queda muy lejano aquel cacharro, pero a los adolescentes de los 80 nos revolucionó por completo la vida.

Cuando cumplí, 15 años mi madre me regaló mi primer *walkman*, era un Unisef (vaya nombre): negro y enorme, tenía solo un botón para adelantar la cinta (¡jamás rebobinarás!), la tapa era manual y no se podía enganchar a la cintura, tenía una correa odiosa para llevarlo colgando, era un vampiro con las pilas, sus auriculares eran una bazofia y sonaban fatal, pero a pesar de todas estas carencias, yo lo amaba con locura.

Puedo asegurar sin temor a equivocarme que hay un antes y un después en mi vida a partir de ese día. Poder levantarme y salir al mundo con la canción correcta sonando de fondo era algo bastante cercano a la perfección.

Me acompañó durante muchas noches de mi juventud, me recuerdo caminando por la avenida Álvarez Thomas de madrugada, escuchando mi FM de cabecera (tenía radio, una de las pocas virtudes del aparato) y cantando cual demente mis canciones favoritas. Una de esas noches, me asaltaron tres chavales —en el cruce de las calles Juramento y Arcos, en el barrio de Belgrano, para ser más precisos— y me robaron. Era una madrugada de diciembre, y esa fue la noche más triste y silenciosa de mi adolescencia.

Desde aquel aparatejo, me acompañaron otros *walkmans* mejores: más modernos, con ecualizador y cada vez con auriculares más diminutos. También un minidisc, varios discmans, iPods y ahora un iPhone con Spotify y cascos *bluetooth*. Cada uno de ellos va mejorando la experiencia sonora y las opciones de escucha son infinitas, pero ninguno llegó a emocionarme tanto como aquel regalo de mi madre que me inició en esta adicción de la música portátil.

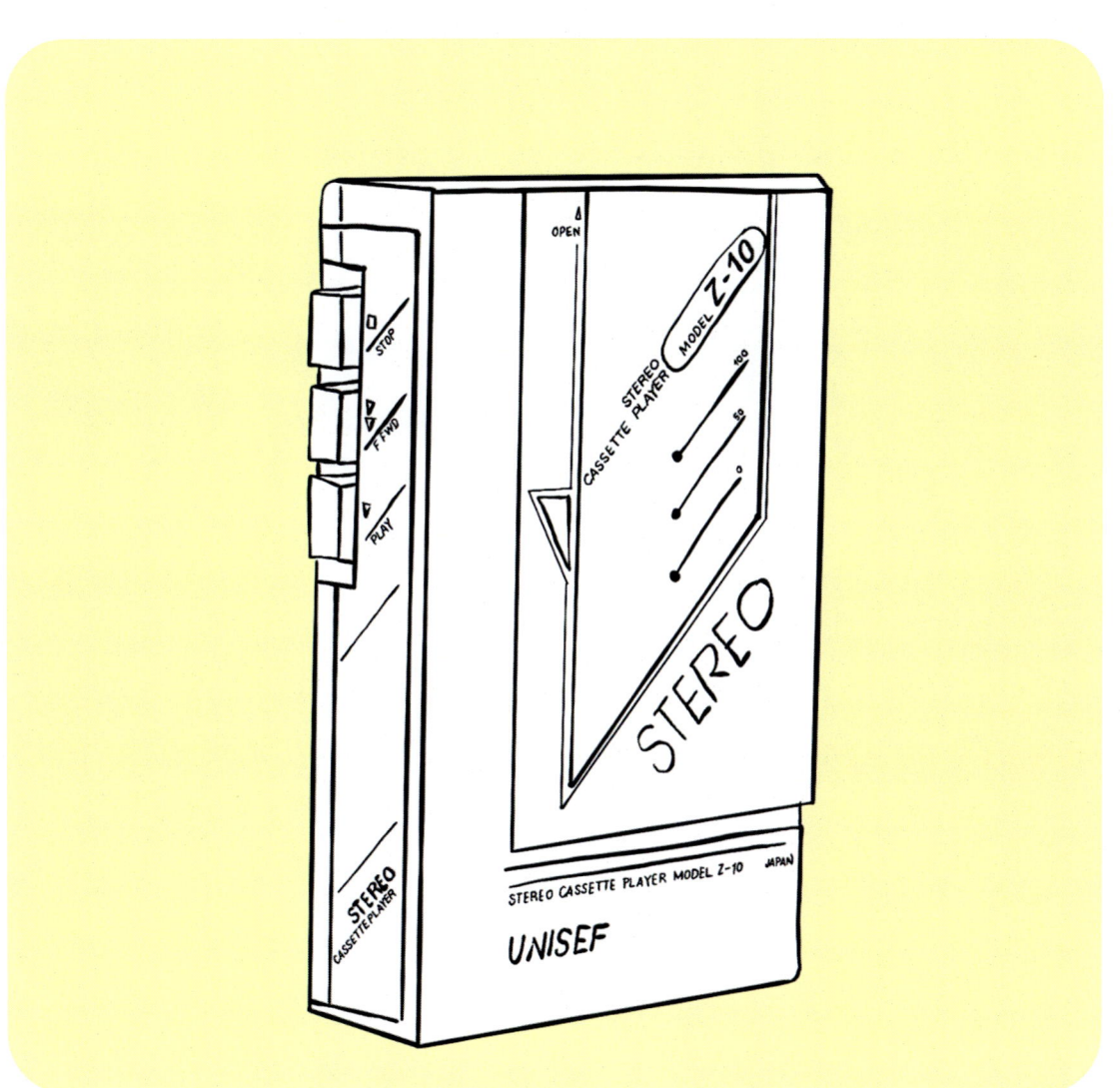

Grabar una cinta perfecta

Recuerdo perfectamente la primera canción que grabé en la radio, fue *Look Sharp* de Joe Jackson. Sonaba una tarde de primavera del año 1981, me gustó el ritmo cortado de la guitarra y la forma tan exagerada de cantar —años después descubrí que eso era la *new wave*—. Rápidamente, para no perderla, apreté fuerte las teclas de *play* y *rec* de mi grabador monoaural Sanyo, regalo de mi cumpleaños número 11. De esta manera comenzó mi viaje por el mundo de los recopilatorios.

Si tenemos en cuenta que dejé de usar *cassettes* allá por el año 2000, calculo que en casi 20 años debo haber grabado más de 1500. Lógicamente, las primeras grabaciones respondían al caos o a la voluntad de las emisoras radiales y, como todo niño que quiere formar su propio gusto musical, tenía que estar pendiente cada vez que sonaba alguna de las canciones que me interesaban. Más de una vez atravesé corriendo el salón de la casa para lograr grabar algún *hit* de Electric Light Orchestra, Prince o The Alan Parsons Project.

Luego, con la pubertad llegaron las alteraciones hormonales y con ellas los primeros bailes en casas de amigos, y creo que a estas alturas del relato ya saben quién era el encargado de la música. En estas situaciones lo fundamental era mantener el clima para conseguir el tan preciado "beso de alguna chica" (tarea extremadamente difícil, compleja y sacrificada). En más de una ocasión tuve que soportar pinchar baladas acarameladas de Sandra Mihanovich o César "Banana" Pueyrredón que por aquellos años detestaba. Todo sea en favor de conseguir los labios amorosos de una chica: si el beso llegaba, el calvario padecido valía sinceramente la pena.

La verdadera posibilidad de lograr los recopilatorios perfectos llegó a mi vida cuando me regalaron un equipo Panasonic de doble platina, allá por el año 1987. A partir de ese momento, todo un universo se abría frente a mis oídos. Más allá de poder copiar material de mis amigos que yo no tenía, con mi nuevo equipo podía grabar los recopilatorios más maravillosos para mi *walkman*. De esta manera, lograba que me acompañara la música ideal para cada momento: Joy Division, The Mission y Bauhaus, en días tristes o nublados y New Order, Madness y The Housemartins en días felices o soleados.

Así fui haciéndome el hábito de salir a la calle con al menos tres cintas. Sabemos que la ciclotimia es frecuente en los adolescentes y, ante la posibilidad de enamorarme de la mujer de mi vida, que lleguen los extraterrestres o que me abandonara mi novia de ese momento, no podía encontrarme expuesto a semejante situación sin el *back up* musical correspondiente. Pero el objetivo principal de las cintas recopilatorias es otro y todos lo sabemos: llegar al lugar más profundo del corazón de las chicas.

Grabar una cinta a una chica se planteaba como una tarea complejísima: por una parte, la elección de la canción incorrecta podía hundirnos en el terreno del desprecio total; por otra, los mensajes entre líneas tenían que lograr el efecto subliminal deseado, que básicamente se trataba de que cayeran rendidas a nuestros pies —no por nuestra belleza— sino por nuestro maravilloso gusto musical. También las matemáticas y la física jugaban un papel fundamental en estos casos. Era primordial calcular las duraciones para lograr que quedaran pocos segundos y así completar los 30 minutos de un lado. El mayor esfuerzo que debía tomarse nuestra amada de turno era girar la cinta y poder seguir disfrutando de nuestro arte como curadores musicales. En estos casos, se usaba un bolígrafo Bic para los ajustes milimétricos de la posición de la cinta con el cabezal de grabación y de esta manera empalmar los finales. Esto era un verdadero arte de relojero suizo. La sola idea de que una canción se cortara nos hacía merecedores de la guillotina o el garrote vil.

El tiempo pasó inexorable, la era digital de la mano del CD se cargó esta tarea artesanal, y ni hablar del daño causado por el MP3 y el intercambio de música a través de la web. Se acabó el romanticismo.

Pero la vida te da sorpresas y este libro me devuelve la oportunidad de volver a grabar cintas perfectas, y te garantizo que las dieciséis (más un bonus track) que componen este libro las preparé con el mismo cariño y amor que le ponía en aquellos años. Espero que disfrutes tanto de su escucha como disfruté yo dándole forma a cada una de ellas.

Hablemos de géneros musicales

Recuerdo cuando entré a Tower Records por primera vez. Era otoño del año 1997 y abrían su primera sucursal en Argentina. El local estaba en la Avenida Santa Fe y yo estaba esperando su inauguración con una ansiedad incontrolable, rozando lo insoportable.

Una vez dentro del local y superado el síndrome de Stendhal inicial -más de 100 bateas repletas de discos eran mi sueño húmedo- empecé mi búsqueda de tesoros escondidos en un mar de subgéneros de los cuales muchos desconocía por completo. Faltaban 3 años para el cambio de siglo y la globalización nos había enterrado debajo de etiquetas tan dementes como Ethnic Post-Punk, Emo Country Hardcore y demás delirios que solo funcionaban como llamada de atención para pretenciosos (sí, por aquellos años yo era uno de ellos) y para identificarse con la que más estuviera de moda ese semestre según la revista Inrockuptibles o Esculpiendo Milagros. El equivalente a las Torres Gemelas de la pretenciosidad gráfica de aquellos años en Argentina.

> *Tengo que reconocer que en la década de los 80 es donde empezó toda esta locura. El rock y el pop como etiquetas se quedaban cortas y comenzó toda esa apertura donde surgieron diferentes estilos musicales que luego derivaron en esta locura que vivimos hoy, pero por aquellos años la cosa estaba aún bajo control. O al menos eso creíamos.*

En este libro me voy a centrar en hablar de 16 géneros musicales: empezando por el *rock* y el *pop* y continuando con 14 (sub)géneros derivados. Lo limité a ese número, ya que este es un librito de lectura rápida y no una locura mastodóntica enciclopédica, y esa división la hice con la intención de poder crear una cinta perfecta de cada uno de estos géneros. Veréis también que muchos artistas pueden entrar en dos y hasta tres de estas etiquetas. Intenté repartirlos con el mejor de mis criterios para poder hacer de cada cinta una muestra ideal para abrir boca y que, a partir de estas, empieces a tirar del hilo y que puedas descubrir un montón de canciones y artistas que espero que se queden grabados en tu memoria para siempre.

LA CINTA PERFECTA
POP
HARD ROCK
SOUNDTRACKS
EURODANCE
POST PUNK

La cinta perfecta para cada estilo

La cosa va más o menos así: voy a intentar, desde mi falsa humildad, explicar lo que significó la explosión cultural y social de aquellos años y el impacto que tuvo en mi generación, y tratar de explicar las características y los hitos que hicieron que esa década se mantenga en constante revisionismo en muchos aspectos que van más allá de la música.

Pretendo que esta experiencia sea interactiva, y como indica el nombre del libro, voy a crear una cinta perfecta para acompañar cada capítulo.

En cada capítulo encontrarás un QR con una *playlist* que puedes encontrar en Spotify donde creé un *cassette* de forma digital: una cinta perfecta de cada género musical. Cada una de estas cintas no excede los 60 minutos (respetando al máximo la pureza de los tiempos de un *cassette* clásico) y está diseñada como solía preparar mis recopilaciones personales.

Lamentablemente, no puede tener dos caras como era el caso de los vinilos y las cintas por aquellos años, pero en las ilustraciones verás dónde termina una cara y empieza la otra. ¿Neurótico yo? Totalmente.

Desde ya, me excuso si falta alguno de tus artistas favoritos. Estoy seguro de que vais a echar en falta a muchos de ellos, pero la intención es que esto sea un detonante para que, si te apetece, te sumerjas en esta madeja y crees tus propias cintas con tus artistas favoritos. Si eso pasa, me doy con un canto en los dientes y me harás muy feliz.

En estas cintas encontrarás a aquellos artistas que trascendieron por su popularidad y que de una u otra manera me afectaron a nivel personal. Canciones de amor, eufóricas, para bailar, heroicas... Toda una paleta de colores musicales que representa la década de principio a fin. Es más, hay canciones que no me gustan (algunas directamente las detesto), pero considero que también forman parte de mi vida y tienen que estar en estos recopilatorios creados para tu disfrute personal.

Último apunte antes de entrar en materia: este libro está centrado en artistas internacionales, claramente la dominante es anglosajona y norteamericana. No entro en artistas de España y LATAM, eso da para otro libro que esperemos que se haga realidad en algún momento (sutil mensaje subliminal para los amigos de la Editorial).

1.Pop

Si tuviera que elegir solo un estilo para definir esta década, sería el *pop*. Funcionaba perfectamente como un aglutinador social (al menos en mi familia). Voy a explicar el contexto para que entiendas mejor a este engendro musical que os escribe.

Mis padres y tíos crecieron escuchando a Dylan y los Beatles, mis primos a Led Zeppelin o al primer Bowie. El *pop* en los 80 encontró a toda la familia enganchada a la música desde su juventud y, exactamente el 10 de septiembre de 1980, llega a casa mi primer grabador (Sanyo M2409F) y comienzo el viaje de elegir mi propia música. Muchas de esas canciones me marcarían hasta el día de hoy.

Esa palabra tan onomatopéyica que explotó en los 60 con el movimiento contracultural de Andy Warhol se redimensiona y populariza en esta década. Ganándome el odio de los más puristas (cosa que va a suceder muy a menudo durante este viaje musical), podría decir tranquilamente que de los 60 a esta parte toda la música es *pop*. Básicamente, porque "pop" no es otra cosa que "popular music", y cualquier disco que haya vendido por aquellos años más de 60.000 copias se convertía en disco de oro: todo es pop, amiguitos, más claro imposible.

Pero la necesidad de identidad adolescente de las tribus urbanas (y su correspondiente marketing para vendernos chapas, posters o ropa) generó las etiquetas musicales que conocemos hoy en día. En este libro vamos a describir las principales, no me meto en más subgéneros porque necesitaría unas 1000 páginas más.

Me costó mucho poder encajar en una hora la síntesis musical de una década, pero creo que, como primer acercamiento a aquellos años repletos de neón, hombreras y raros peinados nuevos, es un buen punto de partida.

 **MI DISCO FAVORITO**

Es todo un desafío tener que elegir solo un disco favorito de *pop* de esta década, pero como aquí vinimos a jugar me voy a mojar y me quedo con *Sign O' The Times* de Prince.

Este disco doble que publicó Prince en marzo de 1987 para mí resume el sonido de los 80, aquí encontramos de todo y para todos los gustos: rap, soul, *funk*, *rock* furioso... Para muchos (entre los que me incluyo) está considerado el mejor disco de toda su carrera.

Prince fue un artista que generó pasiones y odios, y tiene esa particularidad de ser un músico muy admirado entre músicos, que ante semejante talento dejaron los egos apartados y muchos artistas reconocieron su influencia y su grandeza.

Es complicado también tener que elegir mis favoritas de este disco —lo tuve en *cassette* y actualmente en vinilo, CD y box set—, pero me voy a decantar por la que da nombre al disco, 'Sign 'O' The Times' que es un

35

relato de aquellos tiempos que no perdió vigencia. "The Ballad of Dorothy Parker" me parece una belleza de canción y a día de hoy la sigo considerando futurista, también está la tremenda "I Could Never Take The Place Of Your Man" y muero fuerte con "The Cross", una belleza melancólica y oscura te envuelve cuando escuchas esta canción.

Te recomiendo que escuches este disco al completo, es de una belleza inigualable, como el pequeño genio de Minneapolis.

¿Qué vamos a encontrar en esta cinta?

Aquí encontrarás fenómenos del pop como Michael Jackson o Madonna (por algo son considerados el Rey y la Reina del pop), One-Hit Wonders como The Buggles, caprichos personales como Frankie Goes To Hollywood —para mí su primer disco es una obra de arte perfecta, de lo mejor de la década— o artistas reconvertidos de los 70 como Peter Gabriel, Phil Collins (ambos integrantes de Genesis) o Robert Palmer.

Aquí te dejo un primer acercamiento para empaparte de sonidos, maquillarte la línea del ojo y ponerte bailar un buen rato.

POP

A

Let's Go Crazy
(Prince And The Revolution)

Everything She Wants
(Wham!)

What's Love Got To Do With It
(Tina Turner)

Addicted To Love
(Robert Palmer)

Material Girl
(Madonna)

Relax
(Frankie Goes To Hollywood)

B

Billie Jean
(Michael Jackson)

Walk Of Life
(Dire Straits)

Miss Me Blind
(Culture Club)

Big Time
(Peter Gabriel)

I Cannot Believe it's True
(Phil Collins)

Video Killed The Radio Star
(The Buggles)

I Wanna Dance With Somebody
(Whitney Houston)

LA CINTA PERFECTA 60

37

2.Rock

Los 70 fueron probablemente la década dorada del *rock*. Aquellos años dejaron el legado de artistas como Jimi Hendrix, Creedence Clearwater Revival, The Who o los Rolling Stones. Cuando comenzaron los 80 el género ya había madurado y muchos creían que ya había tocado su techo.

Las estrellas de *rock* estaban cada vez más lejos de sus audiencias, el *rock* de estadio y los grupos de *rock* sinfónico como Pink Floyd, Genesis o Supertramp convertían al *rock* en algo ejecutado por virtuosos. Tu *rockstar* favorita era asquerosamente millonaria y tú no podías ni pagarte sus discos, y ni hablar de sus conciertos (algo muy parecido sucede actualmente).

En 1977 todo explotó en Londres y el punk tomó las calles, devolvió el *rock* a garajes y sótanos infectos, donde las guitarras saturadas y las voces desafinadas volvieron a las orejas de una juventud que sabía que podía tomar los escenarios por asalto y gritar verdades a garganta pelada. Podemos decir que el punk funcionó como un saneamiento del *rock* sinfónico y progresivo y permitió volver a las bases esenciales del movimiento original.

Una vez pasada la euforia de aquellos años furiosos, todo se volvió a acomodar y nuevos talentos que crecieron influenciados por toda aquella música volvieron a poner el género en primer plano. Lo hicieron manteniendo el virtuosismo, pero sonando mucho más cercanos, volviendo a recuperar la humanidad que había perdido por aquellos años.

El *rock* había aprendido la lección. En los 80 también encontramos enormes instrumentistas (Eddie Van Halen o Neil Peart son la prueba de ello); talento joven como Def Leppard; callejeros curtidos como Bruce Springsteen o Tom

Petty; y una gran cantidad de reconvertidos supervivientes de los 70 como AC/DC, Kiss, Whitesnake, ZZ Top o Cheap Trick, que supieron colarse en esta década y meter unos cuantos *hits* en las listas. El *rock* supo aguantar el tirón y sobrevivió a la década con elegancia.

 **MI DISCO FAVORITO**

Otra elección dificilísima, ya que por aquellos años salieron verdaderos bombazos pero, si me tengo que decantar por uno, seguramente sería *Pump* de Aerosmith.

Esta banda nacida en los 70, que cumplió de manual el ritual de "ascenso y caída" —no por nada a Steven Tyler y Joe Perry los llamaban los "Toxic Twins"— supo resurgir cual ave fénix (con una "pequeña" ayuda de los raperos de RUN DMC), y publicaron este disco el 12 de septiembre de 1989. Llegó a mi vida con mis 20 años recién cumplidos y con muchas ganas de *rock & roll*, cuando lo escuché por primera vez, me dinamitó la cabeza.

La potencia que tiene este disco es brutal, el quinteto suena increíblemente bien. Lo que hace Joe Perry con la guitarra no es de este mundo y la voz de Steven Tyler es literalmente demoníaca.

Mis favoritas son "Going Down/Love In An Elevator", "Janie's Got a Gun" y una de las mejores baladas que parió el *rock & roll*: "What It Takes", esta canción cierra el disco y te deja con el corazón en un puño.

41

El disco *Pump* fue un punto de inflexión en la enorme carrera de esta banda. Durante la década de los noventa sacaron verdaderos discazos y hasta hace muy poco seguían subidos a los escenarios, llenándolos allí a donde fueran. Un milagro de la naturaleza a la altura de The Rolling Stones.

Ponte este disco, sube el volumen y deja que tu cabeza se llene de *rock* en estado puro.

 ## ¿Qué vamos a encontrar en esta cinta?

Varios de los artistas que forman parte de esta cinta podrían figurar en el resto de subgéneros. Elegí estas canciones porque lograron alcanzar el éxito mundial y quedaron grabadas a fuego en la memoria de varias generaciones, y a estas alturas ya pertenecen a la historia del siglo XX, trascendiendo a sus autores.

De mis favoritos en esta cinta están Tom Petty (uno de los músicos que más admiro); unos tipos llamados Van Halen que devolvieron la felicidad al *rock*; también un fenómeno de aquellos años como ZZ Top —sus vídeos son épicos—; y mis adorados Kiss que sobreviven a cualquier década que se les cruce. También encontrarás bandas de culto como Rush, AC/DC o Whitesnake.

Una cinta ideal para salir a correr, pedalear la bici o bailar en el salón mientras limpias la casa un sábado.

ROCK

A

Born In The U.S.A.
(Bruce Springsteen)

Panama
(Van Halen)

Put Some Sugar On Me
(Def Leppard)

Tom Sawyer
(Rush)

Rebel Yell
(Billy Idol)

Sharp Dressed Man
(ZZ Top)

You Might Think
(The Cars)

B

You Shook me All Night Long
(AC/DC)

I Love It Loud
(Kiss)

Here I Go Again
(Whitesnake)

Summer Of '69
(Bryan Adams)

You Got Locky
(Tom Petty and The Heartbreakers)

Rag Doll
(Aerosmith)

The Flame
(Cheap Trick)

LA CINTA PERFECTA 60

43

3. Heavy Metal

El *heavy metal* fue el *soundtrack* del principio de mi adolescencia. Esa fuerza y esa velocidad me ayudaron a sobrellevar la mutación hormonal en mi cuerpo que estaba provocando desdichas e inseguridades por doquier. A día de hoy recuerdo aquellos años como los más desdichados de mi vida.

Pasarte horas dibujando logos imposibles en tus carpetas escolares era más importante que estudiar matemáticas. Querer vestir como Rob Halford y creerte el más duro por calzar muñequeras con pinchos, cuando en realidad aún eres un tierno niño deseando convertirse en persona o al menos te conformas con que tu cuerpo crezca de forma armónica.

Podría decir que el *heavy metal* fue el primer género musical que abracé en mi pubertad. Apareció en mi vida justo en el cambio de colegio. Os aseguro que pasar de ser un niño de colegio religioso de barrio a una escuela secundaria técnico/industrial donde el 99% de tus compañeros son muchachos que también se odian a sí mismos no fue nada fácil, quizás tuvo mucho que ver con elegir aquellos sonidos demoníacos, que tanto molestaban a mi madre, como mi zona de confort.

El *heavy metal* me ayudó muchísimo a enmascarar las inseguridades de esos años en que tu cuerpo y cabeza cambian constantemente. Esa música cargada de velocidad y esas portadas que mezclan la muerte con leyendas mágicas cargadas de erotismo, son todo lo que un niño lleno de preguntas existenciales necesita para explotar sus fantasías al máximo.

Recuerdo mi fascinación por portadas como la de *Piece of Mind* de Iron Maiden o *Bark at the Moon* de Ozzy Osbourne, que te abrían la cabeza para imaginar la historia detrás de esos personajes. Reconozco que las tapas de los discos de *heavy metal* son verdaderas obras de arte que merecen una exposición en el MoMA como mínimo.

Siempre digo que un adolescente se aleja del *heavy metal* en el momento en que se echa su primera novia —claramente, ese fue mi caso—. Todos sabemos que el amor necesita como *soundtrack* de fondo menos *headbangers* y guitarras veloces y más melodías suaves que se presten a los besos y las caricias. En cualquier caso, si escuchaste *heavy* en algún momento de tu vida, siempre seguirá latiendo en tu satánico corazón, y cada tanto viene bien pegarse una buena panzada de Iron Maiden a todo volumen y volver a recordar aquellos años de juventud.

Pero tranquilos queridos *heavies* que estáis leyendo esto, más adelante volveremos al género, solo que con un poco más de maquillaje.

MI DISCO FAVORITO

Esta elección sí que la tengo clara, el vínculo afectivo que tengo con este disco es enorme, ya que son mis 13 años, estoy pasándolo mal en la escuela y solo encontraba consuelo en el *Metal Health* de Quiet Riot.

47

Una cinta que giró hasta el hartazgo en mi pequeño reproductor. Con los años volví a ese disco y realmente esconde canciones bastante más cercanas al *groove* neoyorquino de los 70 que al *heavy*, pero en aquellos años me creía el sujeto más duro del barrio por escuchar esas canciones mientras llevaba mi muñequera de cuero y gafas oscuras baratas.

La mítica versión de "Cum on Feel the Noize" (años después descubrí que era una versión de Slade) me sigue volando la cabeza a día de hoy. Además, tengo una particular debilidad por "Don't Wanna Let You Go" (lo que citaba antes del *groove* neoyorquino), un medio tiempo que, si escuchas esta canción, ni sospechas que formaba parte de uno de los discos más representativos del heavy metal de los 80.

 **¿Qué vamos a encontrar en esta cinta?**

Para esta cinta elegí casi todo *heavy metal* del principio de la nueva oleada (81-83), ese sonido fue el que me acompañó en esa primera mitad de la década: Iron Maiden, Judas Priest, Ozzy Os-bourne, bestias enormes del género que no podían faltar, y luego velocidad infernal con Metallica y Queensrÿche. Una cinta para poner a todo volumen y despertar al vecindario entero.

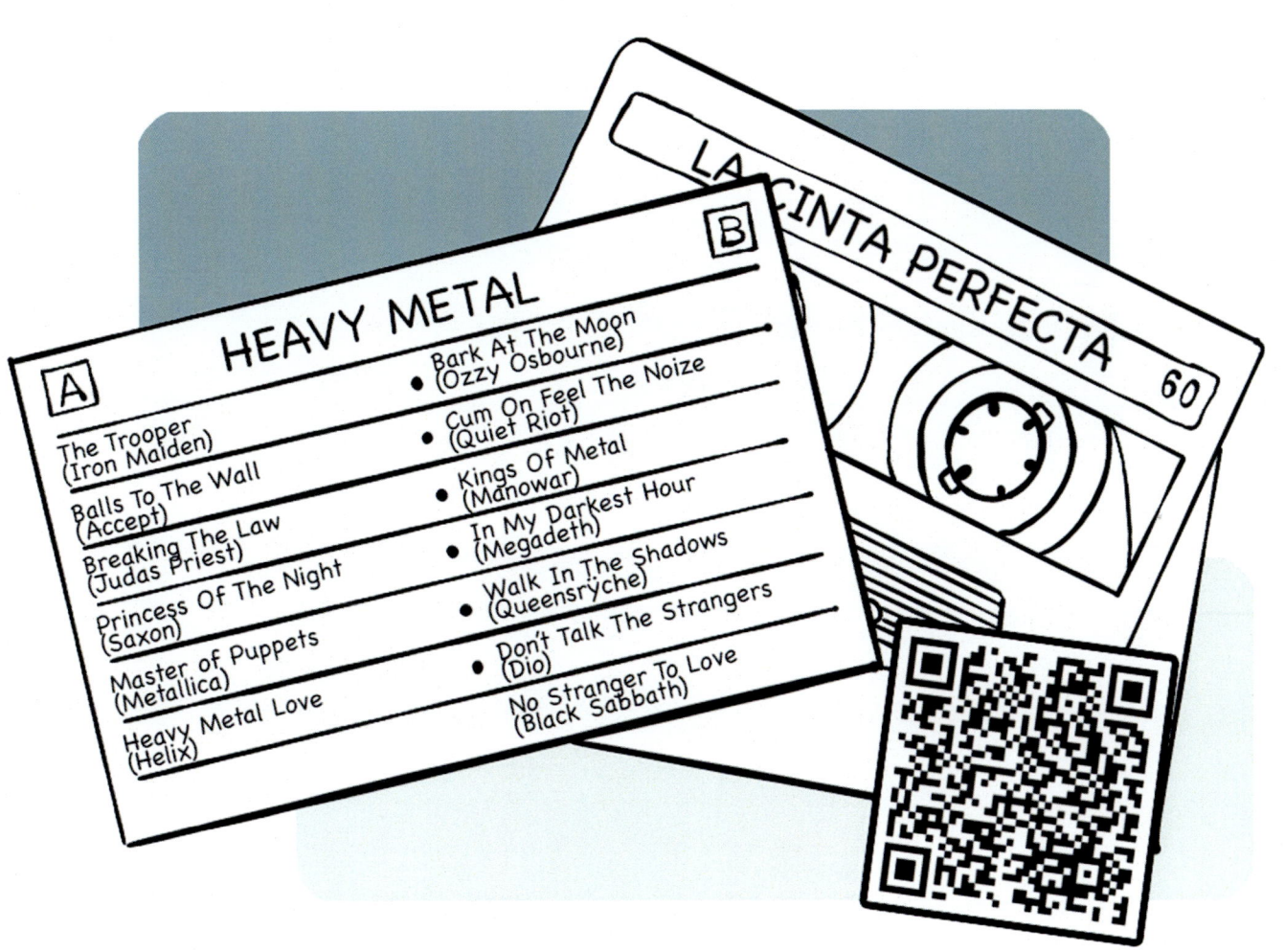

HEAVY METAL

LA CINTA PERFECTA 60

A

The Trooper
(Iron Maiden)

Balls To The Wall
(Accept)

Breaking The Law
(Judas Priest)

Princess Of The Night
(Saxon)

Master of Puppets
(Metallica)

Heavy Metal Love
(Helix)

B

Bark At The Moon
(Ozzy Osbourne)

Cum On Feel The Noize
(Quiet Riot)

Kings Of Metal
(Manowar)

In My Darkest Hour
(Megadeth)

Walk In The Shadows
(Queensrÿche)

Don't Talk The Strangers
(Dio)

No Stranger To Love
(Black Sabbath)

49

4. Techno Pop

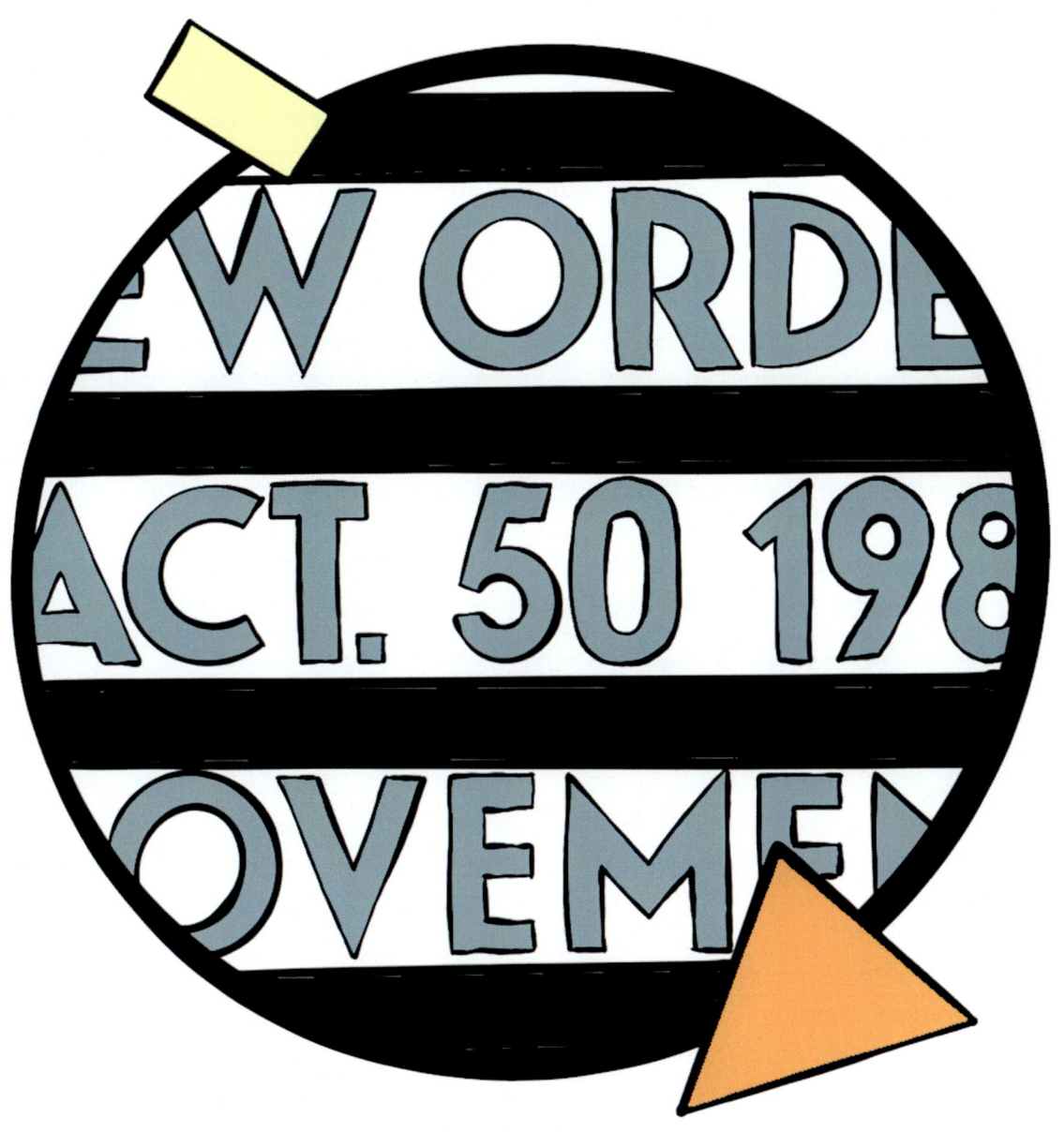

Nunca olvidaré la noche que vi por primera vez en la televisión a Herbie Hancock. Era la entrega de los premios Grammy de 1984, estaba rodeado de teclados, maniquíes robóticos y voces digitalizadas. Me quedé hipnotizado con todo lo que estaba pasando en la pantalla... ¡A eso sonaba el futuro!

En ese momento no era consciente de que aquella actuación estaba abriendo mi cabeza al mundo del *techno*. Ese día también se popularizó el *scratch* (mover el vinilo hacia adelante y hacia atrás manualmente mientras se reproduce, y de esta forma crear un sonido único) que fue el principio que sentó las bases del *hip hop*, pero de eso ya hablaremos en otra cinta.

El *techno* es otro de los géneros que me marcó profundamente, y eso empezó aproximadamente a mis 15 años con mis primeras visitas a las discotecas vespertinas. El *techno* te hacía sentir *cool*, elegante y sofisticado aunque fueras un crío. En la oscuridad de la discoteca no sabías si estabas en Buenos Aires, Berlín o Nueva York. Artistas como New Order o Depeche Mode te hacían sentir el más moderno del lugar.

Canciones plagadas de sonidos sofisticados pretenciosos y, si se quiere, hasta deshumanizados (Gary Numan era nuestro extraterrestre favorito después de Mork).

Se podría decir que el *techno* era la parte más entretenida del post-punk, en su sonido y discurso había más baile que oscuridad. El cine y la publicidad de aquellos años la identificaban como el *soundtrack* vital de los *"yuppies"* (joven profesional urbano) que eran el paradigma del éxito social por aquellos años. Si hay una canción que encaja perfectamente en esa descripción es *West End Girls* de Pet Shop Boys, tremendo hit del disco debut de este dúo. Su videoclip es el estereotipo perfecto del estilo de vida de la cultura *yuppie*.

Aprovecho y, ya puestos en el tema, recomiendo la lectura de *American Psycho* de Bret Easton Ellis para entender mejor de lo que hablo. Y sí, el libro es mejor que la película, aunque Christian Bale borda el personaje de Patrick Bateman.

MI DISCO FAVORITO

Otra elección que tengo clarísima, es un capricho personal por ser un disco maldito, me refiero a *Movement* de New Order.

Esta banda va a cargar eternamente con el estigma de ser los supervivientes de Joy Division, la banda de culto más representativa del post-punk.

Hagamos un poquito de historia. Después del suicidio de su cantante Ian Curtis, el resto de los integrantes se plantea seguir en activo con un nuevo nombre y salir del post-punk oscuro del que nacieron para reconvertirse en una banda que podía hacer canciones más frescas sin sentirse culpables. Ian Curtis era un atormentado y la muchachada de Manchester lo veneraba, era muy difícil salir de ese encasillamiento. En medio de este clima hostil se publica este disco.

53

Este es el disco de transición. En su momento fue denostado por la crítica (¿qué esperabas de esos acomplejados con papel y bolígrafo?) y, más de 40 años después, el disco me parece una maravilla, personalmente considero que es un cambio de piel perfecto. En sus canciones puedes escuchar como la banda se transforma y se libera del fantasma de su anterior cantante y empieza a tomar forma propia.

Mis favoritas de este disco son "Dreams Never End" (abre el disco y es toda una declaración de intenciones) "ICB" y "The Him". Si este disco te resulta demasiado oscuro (insisto, era un capricho personal) te recomiendo el recopilatorio *Substance 1987* —era mi segunda elección— donde puedes escuchar los *hits* más representativos de la banda. No soy muy amigo de recomendar recopilatorios, pero como puerta de entrada al universo New Order es genial.

¿Qué vamos a encontrar en esta cinta?

Otra de mis cintas favoritas. En esta suenan Pet Shop Boys, mis amados New Order y Gary Numan; temazos muy minimalistas de Laurie Anderson y The Art Of Noise (lo más *cool* sobre la faz de la tierra); los minimalistas Kraftwerk, la banda de culto Propaganda (su disco *A Secret Wish* es una obra maestra); y cerramos con la mítica canción de Vangelis de la película *Blade Runner* (otro referente de la década).

Estas canciones te llevarán mentalmente a un *loft* en Nueva York con muebles de diseño Bauhaus y todo será en un elegante blanco y negro y tú, el ser humano más *cool* del planeta.

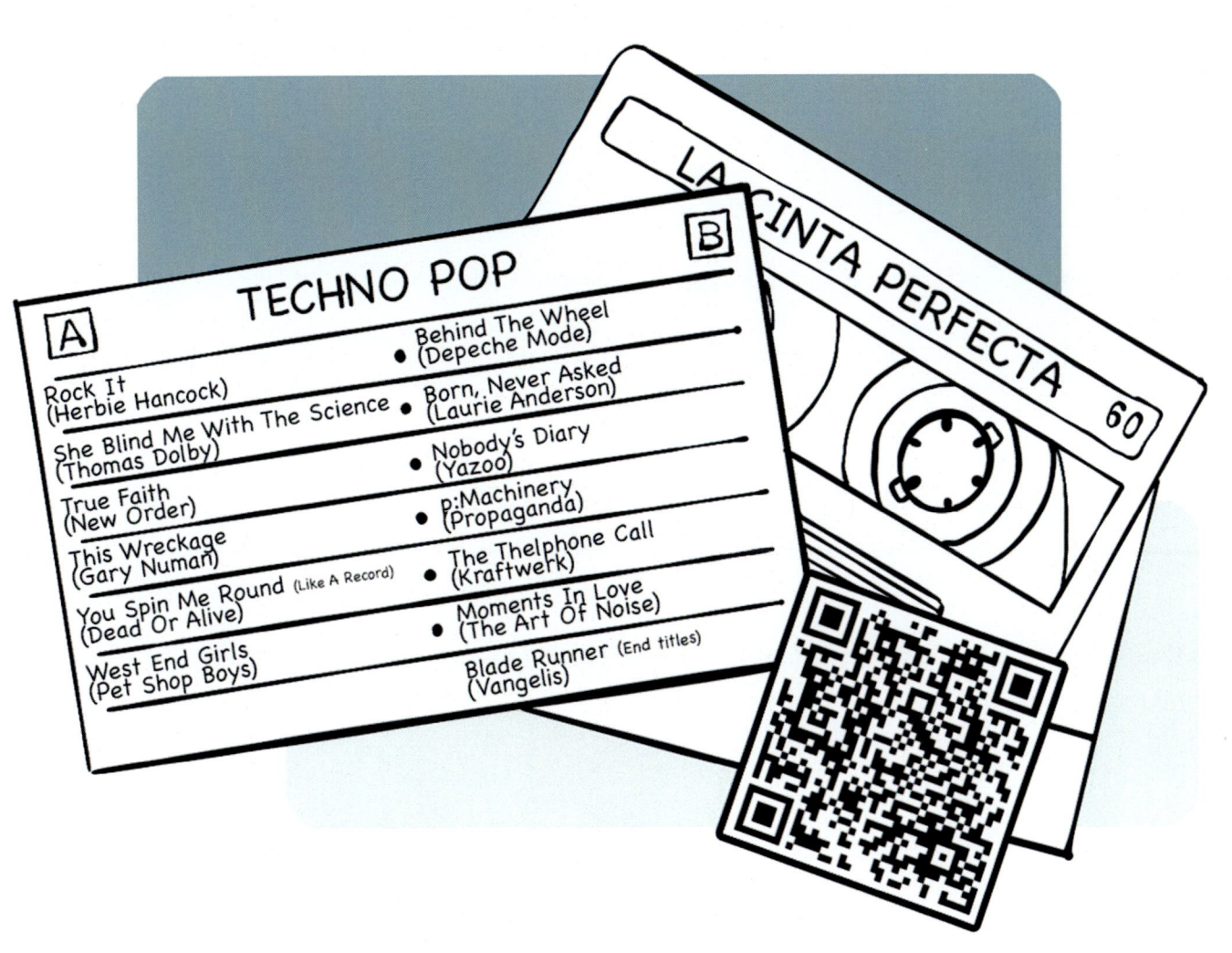

TECHNO POP

A

Rock It
(Herbie Hancock)

She Blind Me With The Science
(Thomas Dolby)

True Faith
(New Order)

This Wreckage
(Gary Numan)

You Spin Me Round (Like A Record)
(Dead Or Alive)

West End Girls
(Pet Shop Boys)

B

Behind The Wheel
(Depeche Mode)

Born, Never Asked
(Laurie Anderson)

Nobody's Diary
(Yazoo)

p:Machinery
(Propaganda)

The Thelphone Call
(Kraftwerk)

Moments In Love
(The Art Of Noise)

Blade Runner (End titles)
(Vangelis)

LA CINTA PERFECTA 60

55

5. New Wave
(los raros peinados nuevos)

Ya os conté que la primera canción que grabé de la radio fue *Look Sharp* de Joe Jackson y que en mis tiernos 11 años desconocía que ese sonido que me encantaba se llamaba *new wave*. Esa etiqueta pasaría a ser sumamente relevante en mi vida cuando me volví un fanático perdido de The Police (gracias, prima Claudia, por este aporte a mi vida).

La *new wave* surge después del estallido punk, es su lado más irónico y sarcástico y, en cierta medida, también su lado más intelectual. Personajes como Sting (The Police) o David Byrne (Talking Heads) son gente que llega a la música con *backgrounds* culturales y musicales que les permitieron ver más allá del *rock* e incorporar elementos musicales y estéticos de otras culturas. Gracias a esta mezcla, luego las orejas del mundo se abrirían a la *World Music* en los 90, globalización incluida.

Hay hitos en la *new wave* que son fundamentales. El primero tiene su epicentro en Nueva York, allí se encontraba un antro musical adorable llamado CBGB. Ese bar ubicado en el *East Village* fue donde nació el punk (en la próxima cinta hablaremos de esto) y también fue el epicentro del movimiento *new wave*. De allí surgieron tremendos artistas como Blondie, Television y los mismísimos Talking Heads. Y con ellos revienta todo.

Otro de los hitos de la década que explica muy bien este fenómeno musical es la película *Stop Making Sense* de Talking Heads, donde vemos a David Byrne y compañía desplegar en escena todo su potencial artístico, histriónico y coreográfico. Un documental sobre un *show* en construcción que se va armando a medida que las canciones van sonando. Si tenéis la oportunidad de verlo, no dejéis escapar esa experiencia.

Personalmente, considero que el movimiento *new wave* es una de las mejores cosas que le pasó a la música en los 80. Un género que logró ir más allá de los 3 acordes del *rock* y del *pop* y meter polirritmos, sonidos e instrumentos de diferentes culturas que sirvieron para ampliar la paleta de colores en canciones que se convirtieron en tremendos *hits*. Un abrelatas musical y cultural que pude disfrutar en esos años en los que tener la mente abierta era una herramienta fundamental para entender el nuevo mundo que estaba por venir.

 MI DISCO FAVORITO

La paleta de sonidos de la *new wave* es enorme, muchos de estos grupos forman parte fundamental de mi colección y de mis recuerdos, pero hay un disco guardado con especial cariño en mi corazón. El *Ghost in the Machine* de The Police.

Fue mi primer *cassette* de la banda, giró en mi grabador lo que no está escrito y le tengo un amor incondicional. Tiene la particularidad de ser el anteúltimo disco del trío, en este trabajo todavía mantienen el sonido *new wave* de sus inicios y suena mucho más pulido, pero siguen teniendo su sello de identidad. Dos años después publicarían *Synchronicity* y su éxito mundial se volvería imparable.

Me cuesta mucho elegir canciones favoritas en un disco tan importante para mí. Más allá de sus enormes *hits*, me quedo con "Hungry For You", "Omegaman" (¡tremendo temazo!) y ese cierre con "Darkness" que muestra lo tremendamente sofisticados y elegantes que eran.

Sé que no soy objetivo con este disco, pero donde manda el corazón, poco puede hacer la razón.

 ¿Qué vamos a encontrar en esta cinta?

En esta cinta vas a encontrar mucha fiesta, alegría y talento. Está Elvis Costello (mi Elvis favorito); los míticos The Jam, directamente del CBGB suenan Talking Heads y Blondie; unos jovencísimos INXS desde Australia; el tremendo *groove* de Level 42 y uno de los grupos a los que más cariño le tengo en el mundo, Tears For Fears. Tuve la suerte de conocerlos en persona y son más majos que las pesetas.

Esta es una cinta ideal para sacar a pasear al perro y bailar con él, y si no tienes perro, estás tardando mucho.

60

LA CINTA PERFECTA 60

NEW WAVE

A

Look Sharp
Joe Jackson

Everyday I Write The Book
Elvis Costello and The Atracctions

Spirits In The Material World
The Police

Puppet Boy
DEVO

Our Lips Are Sealed
The Go Gos

Town Called Malice
The Jam

Tempted
The Squeeze / Party Out Of Bounds
The B-52s

B

I Send A Message -
INXS

Mirror In The Bathroom
The Beat

Rapture / Antmusic
Blondie Adam & The Ants

Micro Kid
Level 42

Once In A Lifetime
Talking Heads

Head Over Heels
Tears For Fears

Golden Brown
The Stranglers

61

6. Post Punk

El punk fue la gran patada al tablero en la escena musical a finales de los 70. Ese movimiento que germina en Nueva York y que Malcolm McLaren y Vivienne Westwood convierten en moda en Londres (seamos sinceros, esta es la historia real) marca un antes y un después en la historia de la música en el siglo XX. La euforia y la furia dura poco (el *marketing* y las drogas se lo cargan en dos años) y deja una resaca de jóvenes que quieren expresarse y lograr salir de la precariedad en la que viven a través de la música.

De ciudades deprimidas económicamente como Manchester, Bristol, Liverpool o la mismísima Londres, surge la nueva invasión inglesa. El gran punto diferencial con el punk es la riqueza melódica de sus canciones; éstas logran mantener la inmediatez del punk, pero mejoran mucho en la ejecución y en el sonido; la crítica a la sociedad se vuelve más profunda y reflexiva. Los gritos llenos de odio del punk ahora se convierten en poemas.

Quizás la banda más representativa del género fue Joy Division; en la oscuridad de sus letras y su sonido se puede sentir la angustia de una generación sumida en el descontento, oprimida socialmente y palpando ese *"no future"* que destriparon los punks un par de años atrás.

Del otro lado del charco las cosas también se convulsionan. El movimiento no tiene la misma potencia que en Reino Unido, pero surgen grupos como The Gun Club, una banda de Los Ángeles liderada por Jeffrey Lee Pierce, un *frontman* y compositor enorme venerado por artistas de la talla de Nick Cave, Mark Lanegan o Debbie Harry.

Por muy increíble que parezca a estas alturas, U2 es una banda que surgió de aquel movimiento, eran la voz que se alzaba desde Irlanda contando el vacío y la angustia que sentía una juventud dividida por una guerra civil. Discos como *October* o *War* son una crónica imprescindible de aquellos años críticos en la historia de las dos Irlandas. Himnos como "Sunday Bloody Sunday" dieron la vuelta al mundo y se encargaron de concienciar sobre el conflicto armado en su país.

En estos años estamos viviendo un revisionismo muy fuerte de este género, y bandas como Fontaines D.C. o Boy Harsher son referentes del movimiento y su sonido está muy inspirado en aquellos años de oscuridad. Vamos, lograron tanto sonar como en aquellos años que si te los cuelo en una cinta, te los comes con patatas.

 **MI DISCO FAVORITO**

Soy consciente de que lo que cae de maduro aquí (y la elección obvia) sería el *Unknown Pleasures* de Joy Division, pero como aquí manda el corazón —y este es mi libro— voy a elegir *The Unforgettable Fire* de U2.

Sé que hoy en día la banda no cuenta con la mayor popularidad del mundo (reconozco que Bono ya es una parodia de sí mismo), pero este disco en mis tiernos 15 años marcó un antes y un después en mi vida.

Ellos venían de ser una secuela irlandesa y juvenil de The Clash, sus tres primeros discos así lo demuestran. Pero en este disco, el grupo cambia de productor (adiós, Stephen Lillywhite, hola, Brian Eno y Daniel Lanois), y se marcan uno de mis discos favoritos de todos los tiempos. Probablemente esté en mi *top ten* vital.

No puedo explicar la emoción que sentía (y siento) cada vez que suenan canciones como "Pride" o "Bad", un sentimiento que pocas veces se repitió en mi vida a nivel musical.

Todas las canciones de este disco me parecen increíbles, pero tengo debilidad por "The Unforgettable Fire" (una de las canciones más hermosas que he escuchado en mi vida) y por "Promenade" que cierra la cara A del disco con una suavidad que estremece.

Si hace mucho que no escuchas este disco, póntelo con cascos, sal a pasear y déjate envolver por estas canciones que son de esas que ya no se hacen.

¿Qué vamos a encontrar en esta cinta?

Esta es otra de esas cintas que tranquilamente podría haber grabado en aquellos años para alimentar mi *walkman* para paseos eternos, o hasta que las pilas dijeran basta.

Aquí encontrarás una muestra bastante amplia del género. Artistas como XTC, Gang Of Four o Killing Joke sirven para que podáis disfrutar de la amplia paleta de sonidos que abarcaba este género (no todo era oscuridad); clásicos como Joy Division,

The Wire (otra enorme banda de aquellos años) y los Echo & the Bunnymen, banda a la que le dedicaría un libro entero.

También escucharás un renovado Johnny Rotten post Sex Pistols con su banda PiL (personalmente opino que fue su mejor grupo) y cerramos con mi canción favorita de The Gun Club.

Una selección bien amplia para que puedas degustar y te pongas a indagar en el género, por lejos uno de mis favoritos.

66

POST PUNK

A

Love Will Tears Apart Again
(Joy Division)

Cities in Dust
(Siouxsie And The Banshees)

Winning
(The Sound)

Victoria
(The Fall)

Damaged Gods
(Gang Of Four)

A Song From Under The Floorboards
(Magazine)

Dear God
(XTC)

B

Rise
(Public Image Ltd.)

Alive And Kicking
(Simple Minds)

The Unforgettable Fire
(U2)

Kidney Bingos
(Wire)

The Cutter
(Echo & The Bunnymen)

Love Like Blood
(Killing Joke)

My Dreams
(The Gun Club)

LA CINTA PERFECTA 60

67

7. New Romantic

Debo reconocer que el New romantic llegó a mi vida pisando fuerte, y la culpa de esto la tuvieron los videoclips de Duran Duran, banda de la que a mis 15 años fui *fan from hell*.

Esos *looks* me tenían fascinado, creo que el que más sufrió por aquellos años fue mi peluquero, al que le pedía cosas que eran demasiado complicadas de entender para un señor de barrio de toda la vida.

El bar BLITZ en Londres fue el epicentro de esta escena. El movimiento logró popularidad mundial gracias a un *casting* de David Bowie, sí, como lo lees, el maestro una vez más marcando tendencia en el mundo de la música.

Te cuento, Bowie venía de "fracasar" con su *Trilogía de Berlín* —los discos *Heroes*, *Low* y *Lodger*, hoy considerados obras maestras— y necesitaba volver al ruedo y tener el impacto popular y comercial que su figura merecía a estas alturas de su carrera.

Bowie como siempre con el ojo y la oreja puesta en las tendencias fue al Blitz porque sabía que allí se estaba cocinando algo interesante, el génesis del movimiento New Romantic.

¿Qué caracterizaba a esta pandilla? Sus extravagantes *looks*, su estética andrógina, refinada y exagerada, una mezcla entre el *glam* de los 70 y las estrellas de cine clásicas.

Los seleccionados por Bowie aparecieron en el videoclip de la canción *Ashes to Ashes,* que marca el pistoletazo de salida a la popularidad del movimiento en el año 1980.

A partir de ahí la explosión y, tres años después de aquel momento, bandas como Duran Duran, Visage o The Human League copan las listas de todo el mundo con sus hits. También hay que reconocer que a nivel musical los pioneros fueron grupos como Japan (tremenda banda) y los Roxy Music, convirtiendo a Bryan Ferry en el *crooner* definitivo de los 80.

Hacia mediados de los ochenta, el género se diluyó en otras corrientes musicales, pero la marca que dejó en la historia de la música es innegable, y en alguna que otra foto de mi adolescencia también.

 **MI DISCO FAVORITO**

Scary Monsters - David Bowie

Ha llegado el momento de confesar mi absoluta debilidad por David Bowie, un artista que considero de los más relevantes que tuvo el siglo XX, a la altura de Dalí o The Beatles, un tipo al que le seguiremos descubriendo genialidades los próximos doscientos años. ¿Se nota que soy fan?

71

Elijo el *Scary Monsters* también porque es el disco con el que me empiezo a tomar en serio a Bowie. Como todos, lo conocía por hits de aquellos años como "Blue Jean" o "Let's Dance", pero cuando este disco llegó a mis manos, mi vida cambió por completo. Bowie era complejo y no facilón como aquellos *hits* ochenteros, este disco fue el punto de partida en mi vida para obsesionarme con este artista y seguir atrapado en su obra hasta el día que me retire de este barrio.

Y de este tremendo disco me quedo con canciones como "Ashes to Ashes" (en mi top 5 de canciones de Bowie), la irónica "Fashion" que le calza como un guante a la generación TikTok y "Teenage Wildlife", que me parece una preciosidad de canción.

 ¿Qué vamos a encontrar en esta cinta?

En esta cinta hay un picadito bastante representativo del género. *Hits* de The Human League, Visage y OMD; la canción de Bowie en cuestión y me reservé colar a los A-ha, el primer disco de los noruegos chorrea New romantic por todos lados; y una canción de Arcadia, aquel grupo que formaron la mitad (más talentosa) de los Duran Duran.

Recomiendo escuchar esta cinta en la esquina del bar más solitaria de un hotel de corte clásico, con un Martini en la mano y, de ser posible, en blanco y negro.

A	NEW ROMANTIC		B
Ashes To Ashes (David Bowie)	•	Lay Your Hands On Me (Thompson Twins)	
Avalon (Roxy Music)	•	Crazy (ICEHOUSE)	
Girls On Film (Duran Duran)	•	Hang On Now (Kajagoogoo)	
Gentlemen Take Polaroids (Japan)	•	I Ran (So far Away) (A Flock Of Seagulls)	
Fade To Grey (Visage)	•	Hunting High And Low (A-ha)	
Don't You Want Me (The Human League)	•	Goodbye Is Forever (Arcadia)	
Enola gay (Orchestral Manoeuvers In The Dark)		Vienna (Ultravox)	

LA CINTA PERFECTA 60

73

8. Sophisti-Pop

Debo reconocer que esta es una de las cintas que más disfruté preparando para este libro. Al *sophisti-pop* o *"jazzy"* (ese fue el nombre con el que lo conocí gracias a un artículo de la revista PELO en Argentina, allá por 1985) le debo esencialmente dos cosas. La primera, refinar mis gustos musicales por los sonidos delicados, los medios tiempos y la ropa elegante. Y la segunda, que fue la puerta de entrada en mi vida al *jazz*, género musical que en mi vida adulta disfruto *in extremis*.

La movida surge de combinar elementos de la cultura del *Northern Soul*, el *jazz* y los arreglos suaves llevados a los sintetizadores. Una característica fundamental en todas estas bandas es que siempre había integrantes de ascendencia africana, la mezcla de ambas culturas musicales creó una escena que no duró mucho en el tiempo, pero sentó las bases de lo que en los 90 denominaremos *acid jazz*.

Por aquellos años estas canciones tuvieron un enorme protagonismo en las FM de la época. En Argentina, emisoras como FM Laser u Horizonte empezaban, a partir de las 22:00, a despachar estas canciones que funcionaban perfectamente para el romance. Estoy seguro de que muchos de los que están leyendo esto del otro lado del charco me entienden perfectamente.

En este estilo era tan importante el sonido como el *look* de sus intérpretes, ese equilibrio tenía que ser perfecto. Recuerdo la impecable imagen de Paul Weller en The Style Council o los rizos rojos de Mick Hucknall que me fascinaban

76

en mis años mozos. Tenía 15 años y ya soñaba con un traje tres piezas a rayas y unos zapatos Oxford morados.

Te recomiendo que para la escucha de esta cinta busques un momento de paz, un buen sofá y, en caso de ser posible, una persona para hacerle arrumacos y decirle al oído las cosas que quiere escuchar.

MI DISCO FAVORITO

Promise - Sade

Los discos de esta mujer (que en realidad es una banda que adopta el nombre de su cantante) trascendieron el género y se convirtieron en un fenómeno de masas. Vamos, que se vendieron a cascoporro.

Su producción musical en todos estos años es bastante escueta, pero te puedo garantizar que no tiene un disco malo. Elegí éste porque fue el que más me marcó. Tiene una uniformidad en las canciones y en el sonido que lo hace único, personalmente opino que es ese punto de inflexión antes de volverse completamente *mainstream*. No destaco canciones porque todas me parecen impresionantes y la escucha de este disco se disfruta más al completo. Una delicia de principio a fin.

77

¿Qué vamos a encontrar en esta cinta?

Esta cinta tiene una paleta muy colorida que permite entender perfectamente el sonido característico de este género. No todo son baladas, como es el caso de las canciones elegidas de Swing Out Sister o The Blow Monkeys. También me di el gusto de colar aquí a los Spandau Ballet (me debatía si este era su sitio o en la cinta de New romantic) y a los Talk Talk, que los etiquetaban (y encasi-

llaban) dentro de este género en sus principios, pero luego derivaron en un sonido propio, inclasificable y fascinante. Recomiendo la escucha de su discografía al completo.

Vamos, que si esta cinta te gusta, ya te veo solo usando tu mejor *look*, con la mirada circunspecta vagando por las noches en tu ciudad en busca del cocktail perfecto.

SOPHISTI POP

A

Hang On To Your Love
(Sade)

The Captain Of Her Heart
(Double)

The Love Parade
(The Dream Academy)

Boy Who Cried Wolf
(The Style Council)

Surrender
(Swing Out Sister)

Come On Home
(Everything But The Girl)

Digging Your Scene
(The Blow Monkeys)

B

● Holding back the Years
(Simply Red)

● Only When You Leave
(Spandau Ballet)

● Sign Your Name,
Terence Trent D'arby (Sananda Maitreya)

● Deep And Wide And Tall
(Aztec Camera)

● It's My Life
(Talk Talk)

● The Downtown Lights
(The Blue Nile)

LA CINTA PERFECTA 60

79

9. Gótico/Dark

THE CURE

"Por tu culpa me hice *dark*"... Esta sentencia que suena entre ridícula y adorable me soltó en toda la cara la que era mi novia por aquellos años durante una discusión y, en ese momento, en lugar de sentirme ofendido, mi oscuro corazón se llenó de orgullo. Había logrado mi cometido.

Si el *heavy metal* fue el sonido de la primera mitad de mi adolescencia, el Gótico (en Argentina lo llamábamos "*Dark*") era el *soundtrack* ideal para acompañar la postadolescencia de cualquier muchacho/a con corazón sensible. Sus canciones te invitaban a querer pasarte el día en cementerios leyendo *Las flores del mal* de Baudelaire, necesitabas estar triste, o al menos parecerlo, porque el gesto adusto te queda mejor con las gafas oscuras, y el riguroso negro te daba un estilazo que por aquellos años de juventud se cotizaba bastante.

Más allá de estas frivolidades llenas de romanticismo, dentro de este género se encuentran muchos de los grupos que me marcaron para toda la vida y que sigo escuchando frecuentemente a día de hoy. Bauhaus, The Cure o The Mission crearon canciones y melodías que siguen girando en mis vinilos. También hay que reconocer que durante las siguientes décadas estos grupos fueron imitados hasta el hartazgo por bandas que jamás lograron tener la misma magia.

Por cierto, la banda que motivó la frase que me espetó aquella muchacha era Cocteau Twins, un grupo creador de un sonido etéreo, de las cosas más delicadas que escuché en mi vida. Si no los conoces te invito a que recorras toda su discografía, me atrevería a decir que son los principales referentes de lo que años después se denominó como "*Dream Pop*".

Espero que cuando termines de escuchar esta cinta tu corazón también se tiña de oscuro y me puedas dedicar esa frase que tanto me enorgullece.

MI DISCO FAVORITO

The Head On The Door - The Cure

Este disco está entre los 10 fundamentales de mi vida, así de claro.

Robert Smith y su muchachada aparecen a mis 16 años para marcarme para siempre. Por culpa de su canción *Killing An Arab* (inspirada en el libro *El extranjero* de Albert Camus), me metí en el existencialismo y me empecé a cuestionar todo, y esta fue solo una de sus tantas influencias. The Cure me abrió la cabeza para siempre y nunca más se cerró.

Mi devoción a la banda empezó con este disco, es de esos que no tiene ninguna canción mala y fue un hito en su discografía. Canciones como "A Night Like This" o "Push" son temazos que a día de hoy me estremecen como en su primera escucha.

83

Si no conoces este disco, te recomiendo que lo escuches completo. Probablemente, hacia el final termines poniéndote delineador en los ojos y los pelos como Robert Smith en aquellos años de hermosa oscuridad.

 ## ¿Qué vamos a encontrar en esta cinta?

Reconozco que esta cinta me quedó preciosa. Aquí vas a encontrar los principales referentes del género, intenté combinar *hits* y canciones no tan obvias para que quede bien equilibrada. No es nada casual que la gran mayoría de artistas pertenezcan al sello 4AD. Por aquellos años, el dueño de la FM más escuchada de Buenos Aires también era el representante de este sello en Argentina y, matando dos pájaros de un tiro, nos metió por su antena a todos estos artistas en vena para siempre a toda una generación.

Pero también te encontrarás artistas como los primeros The Cult (estos luego viraron hacia el *hard rock*) y los inicios del incombustible Nick Cave (que no podía faltar si hablamos de oscuridad) y terminamos con una hermosa versión del clásico de Tim Buckley —padre del mítico Jeff Buckley— "Song to the Siren" por This Mortal Coil, un cierre onírico y oscuro como esta cinta se merece.

GÓTICO / DARK

A

Kick In The Eye
(Bauhaus)

Lucretia My Reflection
(The Sisters Of Mercy)

Life Goes On
(The Damned)

A Night Like This
(The Cure)

Lorelei
(Cocteau Twins)

Desire
(Gene Loves Jezebel)

Back Door
(Clan Of Xymox)

B

● She Sells Sanctuary
(The Cult)

● Under the Milky Way
(The Church)

● Tower Of Strength
(The Mission)

● Anywhere Out Of The World
(Dead Can Dance)

● Stranger Than Kindness
(Nick Cave & The Bad Seeds)

● Song To the Siren
(This Mortal Coil)

LA CINTA PERFECTA 60

85

10. Hair/Glam Metal

Recuerdo perfectamente cuál fue la primera canción de Guns N' Roses que me descolocó por completo. Estaba escuchando un programa de *heavy metal* que se emitía en la madrugada y, mientras la ciudad dormía, en mis auriculares empezó a sonar *Mr. Brownstone* a todo volumen... Fue como si le metieran un cartucho de dinamita a mi cerebro. A partir de aquella emisión me enganché a los Guns N' Roses de inmediato, y de esta manera comienza mi vuelta al *heavy metal*, esta vez con un toque de purpurina y con un nombre mucho más sexy: *glam metal*.

Prefiero usar ese nombre ya que el de *hair metal* me resulta muy despectivo —aunque las compañías de laca de pelo por aquellos años seguro recibieron beneficios siderales—. También era el adjetivo que tenían los pretenciosos de siempre para hablar de forma despectiva del género y desacreditar a estas bandas, que tenían muy claro cómo vender su imagen para que su música llegue a la mayor cantidad de público posible.

Recuerdo que el género me fue entrando de a poco, por goteo, desde la primera mitad de los 80. Primero con la canción *Runaway* de Bon Jovi que me flipaba (¡ese tecladito!), luego gracias a MTV con la saga de videos divertidísimos de Twisted Sister, y cómo olvidar a las exuberantes chicas de *Girls, Girls, Girls* de Mötley Crüe.

El *glam metal* reúne muchos elementos estéticos y sonoros inspirados en el *glam rock* de los 70. Tomaron cosas de Alice Cooper, Bowie y Marc Bolan, y a todo eso le metían un poco de *punk*... Vamos, que con ese mezcladito de base a mí ya me tenían en la bolsa.

El epicentro de la movida empezó en Los Ángeles, sonando en los locales míticos del Sunset Strip (Rainbow, Whisky a Go Go). A partir de la segunda mitad de los 80 hay una explosión brutal y surgen bandas de todo tipo y calaña. Detrás de esos *looks* terriblemente extravagantes —las portadas del género probablemente sean las más horribles de la historia de la música— se escondían tremendos músicos que fueron los responsables de crear verdaderos himnos incombustibles que siguen sonando fuerte a día de hoy.

Lamentablemente, las drogas duras a finales de los 80 hicieron bastante mella y se llevaron a muchos de estos músicos. Algunos de los supervivientes de aquella ola ahora son *Hired Gun* (músicos de sesión) y puedes verlos como guitarristas de artistas tan diversos como Billy Joel o Taylor Swift.

También reconozcamos que muchas de estas bandas siguen haciendo giras de vueltas, revueltas y contravueltas, en plan *"THE LAST LAST EPIC FINALE FOREVER"*. También están aquellas que siguen vivas, pero que ya no tienen tanto tirón melancólico, a estas las puedes encontrar haciendo cruceros temáticos y donde seguramente terminarás compartiendo cervezas con Sebastian Bach de Skid Row mientras en el escenario tocan los Ratt.

El género perdió fuerza a principios de los 90 y fue devorado con la llegada del *grunge*. Pero en la historia del *rock* nadie le quita su lustro de esplendor, del que personalmente rescato grandes discos y canciones que sigo disfrutando cantar al día de hoy a grito pelado.

MI DISCO FAVORITO

Como era de esperar, mi disco favorito es *Appetite For Destruction* de Guns N' Roses.

Al margen de que la carrera discográfica de estos muchachos fue bastante errática, nadie les quita el trono de tener uno de los mejores debuts de la historia del *glam rock*.

Más allá de los hitazos que contiene, lo que más disfruto es escuchar los temas que menos difusión tuvieron. La mencionada "Mr. Brownstone", "Nightrain" o "You're Crazy" son canciones potentísimas; la voz demoníaca de Axl Rose combinada con las guitarras de Slash e Izzy Stradlin son taladros en los oídos, y esa base rítmica a toda velocidad que no te da respiro y te engancha en la siguiente canción: un disco único e irrepetible. Ideal para escuchar a todo volumen esos días que te superan los pesares. Este disco te exorciza los demonios cotidianos y te ayuda a liberarte de todo mal.

 ## ¿Qué vamos a encontrar en esta cinta?

Esta cinta es ideal para la carretera, no importa si el destino es Los Ángeles, Murcia o Mar de Ajó. Con estas canciones amenizas cualquier travesía.

Aquí hay un poco de todo, desde el inevitable *The Final Countdown* de Europe a bombazos como el *Cherry Pie* de Warrant o los primeros Mötley Crüe. Insisto, esta cinta es diversión garantizada.

La cinta cierra con un capricho personal. La balada "Signs" de Tesla, del disco *Five Man Acoustical Jam*, un clásico del género que envejeció maravillosamente. Como nosotros y el buen vino.

90

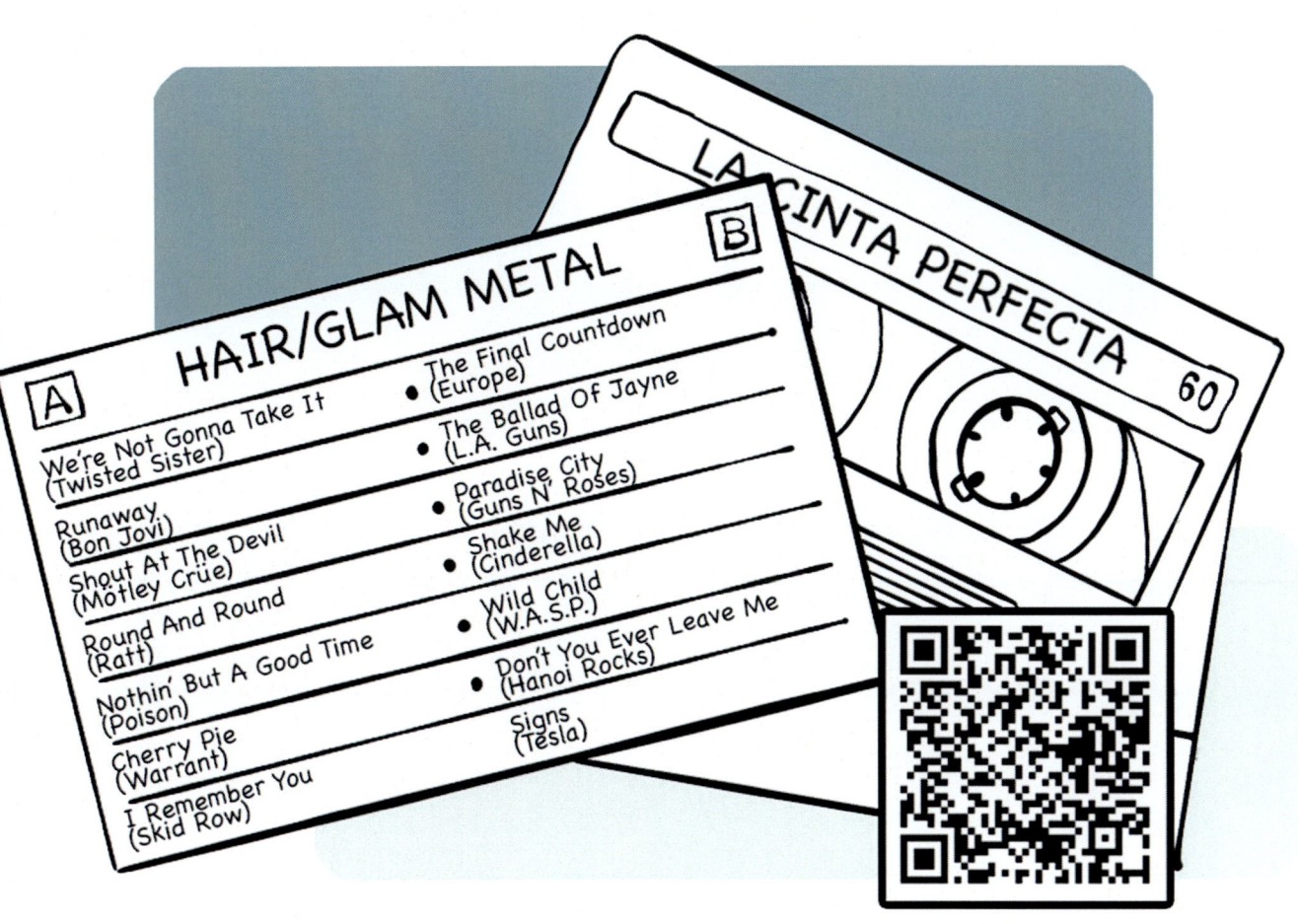

HAIR/GLAM METAL

A

We're Not Gonna Take It
(Twisted Sister)

Runaway
(Bon Jovi)

Shout At The Devil
(Mötley Crüe)

Round And Round
(Ratt)

Nothin' But A Good Time
(Poison)

Cherry Pie
(Warrant)

I Remember You
(Skid Row)

B

The Final Countdown
(Europe)

The Ballad Of Jayne
(L.A. Guns)

Paradise City
(Guns N' Roses)

Shake Me
(Cinderella)

Wild Child
(W.A.S.P.)

Don't You Ever Leave Me
(Hanoi Rocks)

Signs
(Tesla)

LA CINTA PERFECTA 60

11. Hip Hop

A estas alturas de la historia sabemos que la escena del *hip hop* comenzó en el barrio del Bronx, en Nueva York, a principios de los 80. Pero para mi amigo Fabián y quien suscribe fue a mediados de 1984, saliendo del cine Atalaya después de ver la película *Breakdance*.

Os recuerdo que en aquellos años Argentina estaba mucho más lejos que ahora y el Bronx nos quedaba a años luz y, mientras allí Kurtis Blow lo petaba fuerte con *The Breaks*, nosotros nos teníamos que conformar con el *Rap De La Cotorra* de Malvaho.

Pero a partir de esa película (y de la antes mencionada entrega de los premios Grammy de 1984 con Herbie Hancock y la presentación en sociedad del *scratch*), mi amigo y yo averiguamos que el *hip hop* no era solamente tipos hablando rápido sobre bases hechas con la Roland TR-808. Estaba el baile, los *graffitis*, la vestimenta... Era una escena que no paró de crecer hasta que llegaron los 90 y se consolidó definitivamente a nivel mundial.

El *hip hop* es un movimiento cultural en estado puro. Musical, gráfico, estético... lo atraviesa todo, del arte a la moda. *Hip hop* es RUN DMC y el cine de Spike Lee, está presente en las pinturas de Basquiat y en el *breakdance*. Es la reivindicación definitiva de los afroamericanos en la cultura de Estados Unidos.

Al ser una escena básicamente afroamericana, la gran patada al tablero en el género fue la aparición de los Beastie Boys en 1987. Esos chicos que por aquellos años parecerían unos universitarios blanquitos descerebrados, fueron evolucionando hasta convertirse en estrellas y ganarse el respeto de toda la escena. Reconozco que siempre me sentí un turista en este género y los Beastie Boys me ayudaron mucho a entender y respetar la esencia del *hip hop*.

Rastreando en los orígenes del género, llegué años después a artistas de los 70 que fueron pioneros involuntarios del movimiento. Músicos como Isaac Hayes y sus primigenios rapeos en sus canciones, o el poeta Gil Scott-Heron, referente fundamental en la poesía afroamericana. Si empiezas a tirar de la manta, te encuentras en sus rimas y melodías toda la historia norteamericana del siglo XX, y todo este movimiento empezó en el barrio más pobre de Nueva York, allá por 1980.

Seguro que a mi querido Fabián, cuando lea estas páginas, se le escapa un lagrimón o una carcajada fuerte recordando a dos jovencitos intentando emular los bailes de la película en el salón de mi casa.

MI DISCO FAVORITO

En 1987, la mayoría pensábamos que los Beastie Boys eran un éxito pasajero, con un par de *hits* petardos para el disfrute de universitarios americanos durante el *spring break*. Nadie se esperaba, ni remotamente, que su segundo disco *Paul's Boutique* terminaría siendo uno de los discos más importantes del género.

Si tuviera que comparar su importancia con otro disco trascendental en la historia, sería con *Sandinista!* de The Clash. Tienen en común ser de esos discos que te abren la cabeza a mil ritmos y músicas que desconocías hasta ese momento, pero que a partir de su descubrimiento ya no puedes dejar de escucharlas. Un disco transformador.

95

En este disco los Beastie Boys no se cortan y samplean a todo dios: Paul McCartney, John Williams, Curtis Mayfield, Eagles, Ramones y mogollón de artistas, a cada cual más dispar. Con este delirio de *"cut and paste"*, estos pibes construyeron la biblia del *hip hop*. Lo puedes seguir escuchando 36 años después y seguirás descubriendo sonidos y rarezas en sus canciones.

Mis favoritas son "High Plains Drifter", "Hey Ladies" y "Looking Down The Barrel Of A Gun", todos temazos que, si los escuchas ahora, verás que no perdieron una pizca de vitalidad.

¿Qué vamos a encontrar en esta cinta?

En esta cinta me he centrado en hacer un repaso cronológico de las canciones, de esta manera, vas a poder notar la evolución del género. Cómo fueron mejorando las bases, los ritmos, las rimas... Empezamos con dos himnos como *The Breaks* y *Apache*, para muchos el origen del movimiento.

He metido también un poco de fusión del *rock* con el *hip hop* con esta versión súper vendedora de *Walk This Way* que hicieron los

Aerosmith y RUN-DMC. Tampoco podía faltar *No Sleep Till Brooklyn*, otro hit del primer disco de los Beastie Boys.

Cerramos con la preciosa *My, Myself and I* de De La Soul. Como verás, esta cinta es un bonito paseo por los primeros 10 años del *hip hop* que te prepara para todo lo que se viene en este género a partir de los 90 donde se consolida definitivamente.

HIP HOP

A

B

The Breaks
(Kurtis Blow)

Apache (Jump On It)
(The Sugarhill Gang)

White Lines (Don't Do It)
(Grandmaster Flash)

Walk This Way – RUN
(D.M.C. Feat. Aerosmith)

No Sleep To Brooklyn
(Beastie Boys)

Push It
(Salt-N-Pepa)

I'm Bad
(LL COOL J)

6'N The Mornin'
(ICE-T)

Bring The Noise
(Public Enemy)

Straight Outta Compton
(N.W.A.)

Ladies First
(Queen Latifah, Monie Love)

Me Myself And I
(De la Soul)

LA CINTA PERFECTA 60

97

12. Eurodance, Italo Disco y Euro Beat

Este es el capítulo que más demoré en escribir, básicamente porque todo este pastiche de géneros —no logré ponerme de acuerdo en un único nombre para definirlo— contiene muchas de las canciones que menos me gustan en la vida, pero tengo una obligación autoimpuesta contigo, así que vamos a sacarnos este asunto de encima lo más rápido posible.

Después de este pequeño acto de exageración, reconozco que el origen del *eurodance* (también llamado *"Italo Disco"*) me cuesta bastante de digerir, pero no por eso le voy a quitar el mérito y la importancia que tuvo por aquellos años. Sigo viendo atónito con el pasar de los años cómo muchas de estas estrellas siguen aguantando y haciendo *playbacks* en festivales que, en su mayoría, se centran en recordar casi siempre lo peor de los ochenta.

Puedo decir sin temor a equivocarme (y ganándome mucho odio) que todos los recuerdos frívolos de aquellos años van asociados a esta música. ¿Se nota que no es lo mío?

Pero vamos al tema que me estoy alargando. Cuando en Estados Unidos deciden matar la música disco (fue el 12 de julio de 1979 en Chicago, literalmente hicieron un evento para volar por los aires miles de vinilos de este estilo), en Europa no se dieron por aludidos y siguieron explotando el género, pero con una pequeña (gran) diferencia: se acabó eso de meterle a estas canciones orquestaciones, coros y todo eso ¡Que para algo habían llegado los sintetizadores!

Entonces se continuó con la fórmula de la música disco original, pero en una versión más cutre —había que seguir llenando las discotecas— y así comienza esta fábrica de canciones a modo chorizo que fue un tremendo pelotazo en países como Italia, Alemania y Reino Unido.

De esa máquina de picar carne salen personajes como CC Catch, Sabrina, Modern Talking, Baltimora o Spagna, y por sobre todos ellos, el autor de **la canción que más detesto en la vida:** *Words* de F. R. David. Cada vez que suena, me quiero trepanar el cerebro con un cuchillo de plástico, de esos que te dan en el avión, para que me duela y tener una muerte lenta.

Y para colmo de males, hacia finales de los ochenta, los ingleses agarraron con cariño el género y lo reconvirtieron en *eurobeat*, y de ahí salen artistas como Bananarama, Rick Astley o la australiana Kylie Minogue… Sí, queridos míos, la divina Kylie salió de este guiso sonoro.

Tampoco me voy a poner en estupendo y voy a negar que cuando estas canciones suenan y alguna cerveza ya se aloja en mi estómago, las termine bailando de forma burlona y exagerada, y quizás, solo quizás, en ese momento hasta me gusten un poquito.

MI DISCO FAVORITO

Me cuesta bastante elegir uno por el rechazo que tengo hacia el género y porque esta gente no solía sacar discos, si no publicar *maxi singles* sueltos en recopilatorios para *DJs*. Pero reconozco que *Closer* de Gino Soccio es un disco que sonó bastante en mi casa. Lo escuchaba en mis años más tiernos y me encantaba el ritmo machacón que traía. Gino era bajista y eso se nota y le da su *groove* particular a todas las canciones del disco.

A diferencia de lo recargado que fue el género posteriormente, en esta etapa primigenia el sonido era más limpio y sin florituras, y seguían utilizando instrumentos. Cuando llegó el sintetizador, se jodió el asunto.

De mis favoritas de este disco están "Try It Out" y "Hold Tight", en estas canciones puedes escuchar la transición perfecta de lo que fue la música disco clásica a lo que vino después.

¿Qué vamos a encontrar en esta cinta?

Esta cinta es un desborde de *hits* de aquella época. En estos tiempos donde todo vuelve, directores de cine como Luca Guadagnino usan estas canciones en sus películas y las resucitan para que las nuevas generaciones las descubran, pero estoy seguro de que tu tía las sigue escuchando sin parar desde aquellos años. ¿Quién es más moderno ahora, el director italiano de moda o tu tía de Murcia?

Pero para que veas que no todo es odio, rescato a Gino Soccio y también el hitazo *Last Night a DJ*

Saved My Life de Indeep, que me engancha fuerte desde aquellos años mozos. Esta canción tiene un *groove* magnético.

También encontrarás a Spagna, Sabrina, Samantha, Kylie, Laura Branigan... una cinta ideal para escuchar mientras te preparas para ir al festival Horteralia de este año.

La cinta la cierro con el incombustible Rick Astley y su eterno *Never Gonna Give You Up*, un temazo que pone a bailar hasta a los muertos.

EURODANCE/ITALO DISCO EUROBEAT

A

Try It Out
(Gino Soccio)

Last Night a D.J. Save My Life
(Indeep)

Words
(F.R. David)

Self Control
(Laura Branigan)

Touch Me (I Want You)
(Samantha Fox)

Call Me
(Spagna)

Brother Louie
(Modern Talking)

B

Boys
(Sabrina)

Voyage Voyage
(Desireless)

(I'll Never Be) Maria Magdalena
(Sandra)

Tarzan Boy
(Baltimora)

Venus
(Bananarama)

I Should Be So Lucky
(Kylie Minogue)

Never Gonna Give You Up
(Rick Astley)

LA CINTA PERFECTA 60

103

13. Hardcore Punk

Exceptuando que seas un devoto de este género, esta cinta quizás es la más difícil de digerir, pero semejante movimiento no podía quedar fuera de este libro. Otro de los hitos culturales de la historia norteamericana en los ochenta.

El *hardcore* es una consecuencia directa del *punk* en Estados Unidos: el mismo desencanto juvenil, la falta de representación discursiva en el *rock* y "pop tradicional" y, por sobre todas las cosas, a esta generación le tocaba aceptar el final del sueño americano que ya era imposible de sostener.

Al ser Estados Unidos una nación tan grande, el movimiento se generó de forma descentralizada. Esta escena estalla en ciudades como Washington, Boston, San Francisco, Los Ángeles y Nueva York y, a partir de esos puntos neurálgicos, se desparrama por todo el país a fuerza de giras interminables en furgoneta, *fanzines* autogestionados por los grupos —el *"do it yourself"* es quizás la principal característica del movimiento— y su mejor aliado por aquellos años: el *cassette*.

Este soporte tan vapuleado por su calidad de sonido, lo utilizaban las bandas para grabar sus canciones de manera rudimentaria y compartir como un virus su grito de queja directamente con su público. Para ellos era más importante compartir su mensaje con inmediatez que lucrarse con su música. El *hardcore* fue una escena contracultural muy potente que tuvo un impacto enorme en movimientos posteriores como el *grunge* en la siguiente década.

Una característica notable de una gran parte del movimiento era el rechazo al alcohol, el tabaco y las drogas (los Minor Threat fueron las cabezas pensantes detrás de esta iniciativa) como un aprendizaje de aquello que había destrozado al *punk* desde dentro. De esta manera, podían hacer su crítica social al *establishment* desde un estado de conciencia plena, querían dar validez a sus reclamos desde la sobriedad más absoluta.

 **MI DISCO FAVORITO**

El *Fresh Fruit for Rotting Vegetables* de los Dead Kennedys fue el primer disco que escuché de *hardcore* en mi vida (gracias, Ernesto) y quizás por eso me marcó para siempre.

Lo *amateur* del sonido de las canciones contrasta con las incisivas letras de Jello Biafra (líder de este caos sonoro). Este disco es urgente, inmediato. No termina de gritar una verdad en la cara de la manera más descarnada y menos poética que existe y, sin descanso, empieza con otra canción igual o más potente que la anterior. Una ametralladora de canciones repletas de reclamos generacionales.

Too Drunk to Fuck, *Kill the Poor* o *Holiday in Cambodia* sirven como ejemplo para demostrar lo que te cuento. Si te atreves, pégale una escucha, quizás no te guste mucho al principio, pero seguro que no te dejará indiferente.

¿Qué vamos a encontrar en esta cinta?

Esta es la cinta con más canciones de toda la colección. En el resto de géneros, en una hora entran entre 12 y 14 canciones. En esta cinta hay 24 canciones en poco más de 58 minutos.

Eso era el *hardcore*, un grito inmediato, verás que las canciones en su mayoría no superan los dos minutos. Reconozco (modestia aparte) que quedó una muestra interesante de las principales bandas del género y algunas que duraron menos que un suspiro, pero su reclamo social ya forma parte fundamental en la historia del movimiento.

Aquí encontrarás clásicos de Bad Brains, Dead Kennedys, Agnostic Front, Bad Religion, y te colé un par de mis canciones favoritas: *Institutionalized* de Suicidal Tendencies, *Corona* de Minutemen y *Bite the Wax Tadpole* de L7.

Sacude tu cabeza al ritmo de esta cinta y vuelve a darle vida al grito de disconformidad adolescente que habita en ti.

HARDCORE PUNK

A

Too Drunk Too Fuck (Dead Kennedys) / Sailin' On (Bad Brains)

Six Pack (Black Flag) / Where Eagles Dare (Misfits)

Gotta Go (Agnostic Front) / I Don't Want To Grow Up (Descendents)

You Are (The Government) / Scum (Napalm Death) (Bad Religion)

Dicks Hate The Police / Corona (Minutemen) (Dicks)

The Enemy (D.O.A.)

New Generation (Zero Boys)

B

Institutionalized (Suicidal Tendencies) / Bloodstains (Agent Orange)

Flowers By The Floor (T.S.O.L.) / Wild In The Streets (Circle Jerks)

No Class (reagan Youth) / Minor Threat (Minor Threat)

Mickey Mouse Is Dead (Subhumans) / Amoeba (Adolescents)

Viva La Revolution (The Adicts) / Sound System (Operation Ivy)

My Girlfriend's Dead (The Vandals) / Bite The Wax Tadpole (L7)

LA CINTA PERFECTA 60

109

14. Indie

Mi entrada al *indie* fue pasada la mitad de los años ochenta. Me pilló con 16 años, en ese momento en que empiezas a querer encontrar tu lugar en el mundo. Ya te sientes mayor, aunque aún eres un crío, el amor ya empezó a pegar fuerte y empiezas a ver que la vida fácil se acaba y la vida adulta está a la vuelta de la esquina. Pues estas canciones eran el *soundtrack* ideal para mis circunstancias vitales de ese momento.

Lo que más disfruté del *indie* es que podías encontrar canciones y artistas de todos los géneros mencionados en este libro. Lo que le daba la verdadera identidad al género era la autogestión —todos empezaron en sellos pequeños e independientes, de ahí el término "*indie*"— y cierto sonido *lo-fi* (baja fidelidad) que le aportaba ese sello característico de "autenticidad" a las canciones. Esto hacía que jóvenes *DJs* de radios universitarias americanas y británicas le dieran el "certificado de *indie*" a estas bandas, discos y canciones y, de esta forma, lograban destacar en la escena alternativa; luego venían los "ojeadores" de los sellos multinacionales y perseguían a estos artistas para firmar con ellos contratos millonarios. En este punto es donde surge el cliché de que cuando un grupo *indie* firma su segundo o tercer disco con un sello grande, los tilden de vendidos. A partir de ese momento ya dejan de ser *indies*. Los fans son así de escrupulosos y quieren que sus artistas sigan siendo pobres como ellos.

La mejor parte de todo este asunto es que el *indie,* como tal, sigue gozando de buena salud y sigue siendo la cantera de mucha música que sigo escuchando —diría que la mayoría—. Por suerte, siempre existirán jóvenes conflictuados haciendo música, y (no tan) jóvenes escuchando sus canciones e identificándose con sus lamentos y penas existenciales.

MI DISCO FAVORITO

Probablemente esta sea la cinta donde más me cueste encontrar un solo disco favorito. La mayoría de estas bandas me marcaron fuerte por aquellos años y sus canciones siguen muy presentes en mi vida adulta. Pero quizás el más representativo para mi sea *The Queen Is Dead* de The Smiths.

Cuando se publicó este disco en 1986, el escándalo que provocó fue gigantesco, empezando por el título (sabemos que para los ingleses su Reina es sagrada) y luego por las declaraciones y actitud de su líder. Esa bola de carisma llamada Morrissey.

Reconozco que todo esto me quedaba muy lejos, lo que verdaderamente me llegaba eran las canciones. Este disco es uno de esos que tiene la característica de no tener una canción mala (ya sé, no es la primera vez que digo esto) y el equilibrio que existe entre la furia y la calma está perfectamente balanceado.

La dupla Morrissey/Marr supo crear muchas de las canciones más hermosas de aquella década. Todo el mundo sueña con una reunión de

113

los Smiths, yo soy de los que prefiere que Morrissey y Johnny Marr sigan enojados para siempre y no perder la magia que esta gente supo crear en ese breve período que apenas duró un lustro.

Lo dicho, de este disco no te recomiendo ninguna canción en particular, escúchalo de principio a fin, que merece la pena.

 ## ¿Qué vamos a encontrar en esta cinta?

¿Podemos decir que esta es la cinta perfecta? Podemos decir que esta es la cinta perfecta.

Aquí encontrarás verdaderos himnos del género. Y bandas tan variopintas como REM, The Housemartins, The Stone Roses, The Waterboys o Pixies. Aquí había lugar para todo, todos estos grupos con los años se convirtieron en parte fundamental en la historia del *rock* y del *pop*. Por suerte, muchos de ellos siguen en activo y puedes disfrutar de estas canciones en directo y recuperar ese sentimiento de eterna juventud que provocaron en nuestra adolescencia.

Me resulta encantador terminar esta cinta con Nirvana, aquel primer disco ochentero que pasó desapercibido y cobró fama después de la explosión de *Nevermind* en los noventa. La despedida perfecta de una banda *indie* antes de ser vampirizada por el *mainstream*.

INDIE

A

Blister In The Sun
(Violent Femmes) / Up On The Sun
(Meat Puppets) • What's The Matter Here?
(10.000 Maniacs)

Where is My Mind?
(Pixies) • Bonny
(Prefab Sprout)

Can't Hardly Wait
(The Replacements) • She Bangs The Drums
(The Stone Roses)

There Is a Light That Never Goes Out
(The Smiths) • Schizophrenia
(Sonic Youth)

Happy When It Rains
(The Jesus And Mary Chain) • Think For a Minute
(The Housemartins)

Feed me With Your Kiss
(My Bloody Valentine) • A Girl Called Johnny
(The Waterboys)

Rattlesnakes
(Lloyd Cole And The Commotions) The One I Love /
(R.E.M.) About A Girl
(Nirvana)

B

LA CINTA PERFECTA 60

115

15. Soft Rock

Ahora nos pasamos al otro polo del espectro musical de los ochenta. A la música que solían escuchar los buenos estudiantes, *rugbiers* y los chicos con los que soñaba la madre de tu novia como yerno ideal (tú nunca eras el indicado). El *soft rock* —también conocido como AOR, *Adult Oriented Rock*— es la versión del *rock* aceptada por los padres y, por este mismo motivo, odiada y denostada por sus hijos en plena etapa de rebeldía.

Lo que muchos no sabían, es que detrás de esas melodías suaves y pegajosas que invaden las radios hasta el día de hoy, estaban músicos de los 70 que se supieron reconvertir a tiempo y seguir viviendo de la industria musical.

Cuando vieron que el *rock* progresivo y sinfónico perdía relevancia, utilizaron todo su conocimiento musical (la radiofórmula para un músico profesional es pan comido) y se dedicaron a crear las canciones más empalagosas, cómodas y pegadizas del planeta, y de esta manera colarse en las listas de los ochenta sin disimulo alguno.

Tengamos también en cuenta que, con la aparición de MTV, la imagen dominante era de gente guapa mientras que, para el *rock* y *pop* que dominaba las FM, la belleza o elegancia del músico no era determinante —recuerda que en los 70 tener éxito y panza no eran incompatibles—. Por este motivo y por la inminente madurez de la audiencia del *rock* y *pop*, muchas radios se centraron en música AOR, y de ahí la supervivencia de este género hasta el día de hoy. Música de fondo para gente que está pagando hipotecas, empuja carritos de bebés y solo pretende tener de fondo una melodía que le haga soportable la vida adulta mientras compra en el supermercado.

El otro secreto mejor guardado de estos artistas es que, sin ellos, muchos de los mayores éxitos de los ochenta no hubieran existido jamás. Artistas como Toto, Michael McDonald, Chicago o Christopher Cross son responsables de ser los músicos y autores de muchos *hits* de aquellos años interpretados por otros. Quizás el ejemplo más contundente es el disco *Thriller* de Michael Jackson, donde la mitad de la banda Toto son los músicos detrás de esos *hits* incombustibles.

Por suerte, el tiempo (y la moda *vintage*) pone todo en su lugar y ahora canciones como *Don't Stop Believin'* de Journey, son las que clausuran festivales como el Primavera Sound, o músicos alternativos como Thundercat graban canciones con Michael McDonald y Kenny Loggins. Los buenos músicos sobreviven a las frivolidades del *pop*.

En definitiva, a todo el mundo le llega ese momento de asumir responsabilidades de adulto y el AOR es como el tango, siempre te espera.

MI DISCO FAVORITO

Probablemente sea el disco con el sonido más FM sobre la faz de la tierra, tan así que en su portada aparece Donald Fagen como un DJ de radio de aquellos años. Me refiero al perfecto *The Nightfly*, uno de esos discos que debería ser de escucha obligatoria en las escuelas.

Quizás no te suene el nombre de Donald Fagen (la mitad viva de Steely Dan) pero te aseguro que alguna vez escuchaste alguna de las canciones de este disco. Y si no es así, escuchaste 10.000 canciones que imitaron este sonido.

Es música en estado de gracia, suena tan bien cada instrumento que es imposible que te desagrade, nada desentona, nada es irritante, vamos, que este disco roza la perfección sonora.

Si no me crees prueba con canciones como "Green Flower Street" o "New Frontier", son zona de confort en estado puro.

Entregarse a este disco es como cuando te lavan el pelo en la peluquería: por más que te resistas, te terminarás relajando y disfrutando.

¿Qué vamos a encontrar en esta cinta?

Esta cinta está repleta de canciones que seguramente escuchaste más de 500 veces, y casi todas las veces comprando en una tienda, en un taxi o en la sala de espera del dentista... ¡Están por todas partes!

Te aconsejo que hagas el esfuerzo de escucharlas despejando tu cerebro de años de repetición e intentando disfrutar como suena cada instrumento, los arreglos sutiles (están plagadas de ellos) y entrégate al talento de estos artistas que quizás, no son tan guapos, pero de hacer música placentera saben lo que no está escrito.

SOFT ROCK

A

Lost In Love
(Air Supply)

Will You Still Love Me?
(Chicago)

I.G.Y.
(Donald Fagen)

The Living Years
(Mike + The Mechanics)

Angelia
(Richard Marx)

A Matter Of Trust
(Billy Joel)

Out Of Touch
(Hall And Oates)

B

All Right
(Christopher Cross)

Missing You
(John Waite)

Our Love
(Michael McDonald)

Keep On Loving You
(REO Speedwagon)

I Want To Know What Love Is
(Foreigner)

Don't Stop Believin'
(Journey)

LA CINTA PERFECTA 60

16. Acid House

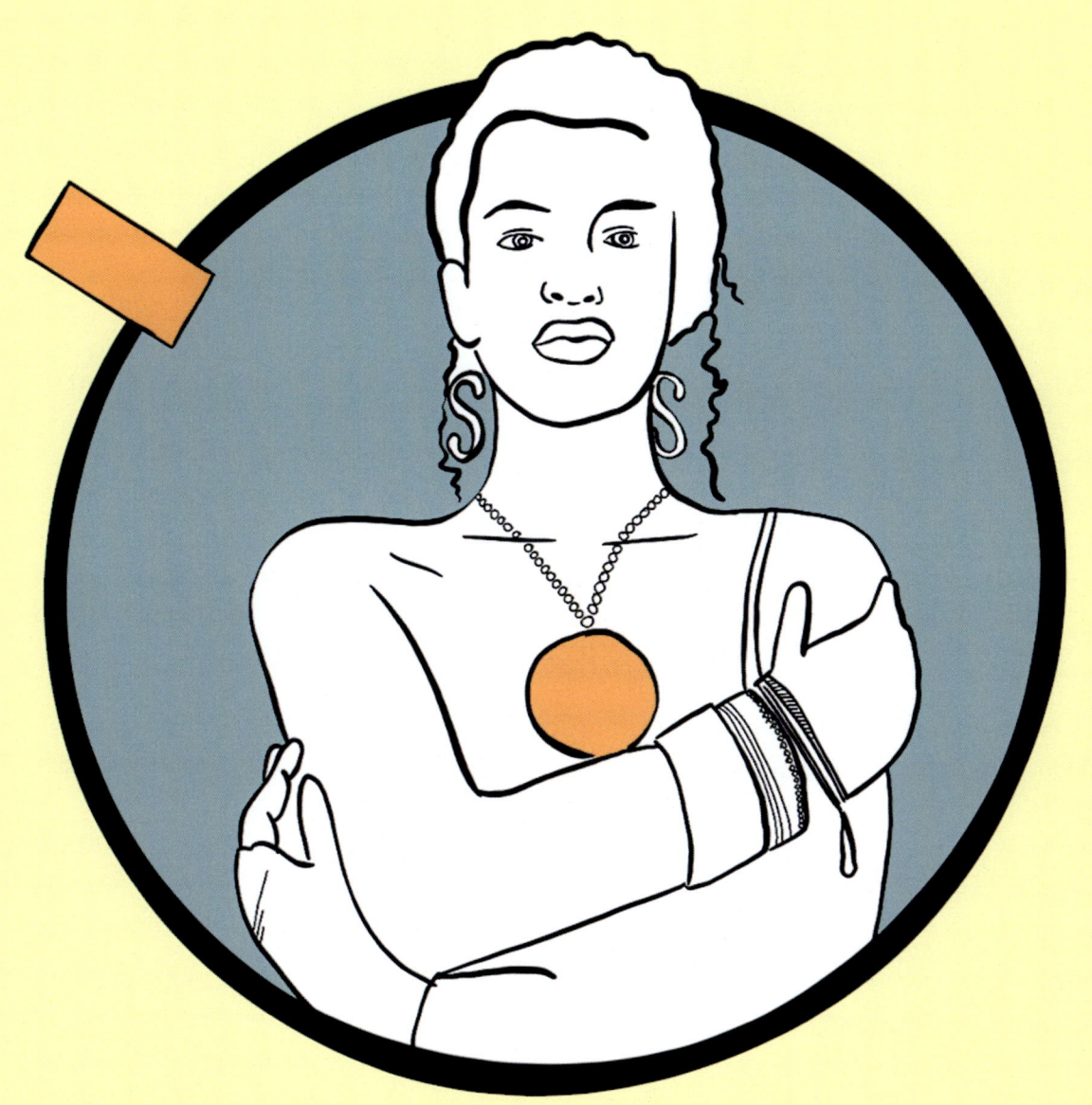

La década se va acabando, el sueño americano se desvanece entre crisis económicas que afectan al mundo entero. La caída del muro de Berlín el 9 de noviembre de 1989 pone el broche final a la década, dejando un escenario incierto a nivel político y transformador a nivel social.

En medio de todos estos torbellinos, la música de baile (como pasó en la era de la música *disco*) vuelve a tener relevancia entre los más jóvenes y, esta vez, la historia comienza a mediados de los ochenta en Chicago, más concretamente en la discoteca The Warehouse.

Allí, los *DJs* habían creado una combinación de ritmos *funky* con bases electrónicas y *samples* (inspirados por el *hip hop*), creando un sonido que, hacia finales de la década, se conocería como *acid house* y se bailaría en el mundo entero. Esta vez, la revolución sonora comenzó en la pista de baile.

La movida se expande por Europa creando *raves* clandestinas en Manchester y transformando las discotecas de la isla más bailable del mundo: Ibiza.

Bases machacantes a más de 120 bpm —léase *beats por minuto*, como un corazón en taquicardia— acompañadas de grandes cantidades de éxtasis (la droga sintética que surgió en esa época), fueron el corazón de esta escena musical que reventó las listas por aquellos años.

Recuerdo maratones en discotecas de 48 horas, radios creadas a la velocidad de la luz y dedicadas en exclusiva a pinchar *acid house* 24/7, la entrada a la última década del siglo debía ser bailando y colocado hasta las cejas.

La mejor definición de esos años la podéis encontrar en la canción de los Happy Mondays *24 Hour Party People*:

"La gente que está de fiesta las 24 horas, la cara de plástico no puede sonreír mostrando los dientes blancos"

El género evolucionó y mutó muchas veces durante los 90 para reconvertirse en lo que hoy conocemos como EDM (*Electronic Dance Music*) y los 200 sub-géneros que siguen surgiendo a día de hoy ¡A bailar que se acaba el mundo!

MI DISCO FAVORITO

Aquí voy a hacer trampa asquerosamente. Mi disco favorito es *Raw Like Sushi* de Neneh Cherry, una artista que coló una canción ("Buffalo Stance") en las listas de *acid house* de aquellos años, aunque el álbum en general está más cerca del *hip hop* y la experimentación.

Neneh Cherry fue más lista que el hambre y cogió los ritmos de moda para crear un disco debut fascinante, de esos que cada vez que lo escucho me suena como si fuera la primera vez que pasa por mis orejas. Un disco de redescubrimiento constante.

Más allá del *hit* que no paró de sonar por aquellos años, tiene temazos como "Inna City Mamma" o "Love Ghetto", canciones más cercanas a lo que hacía Prince por aquellos años que al *acid house* propiamente dicho.

¿Qué vamos a encontrar en esta cinta?

Esta es una de esas cintas ideales para entender el origen de la música electrónica de los noventa. Más allá de los *hits* obvios como los de Technotronic, Lorca o Loco Mía, hay bandas como Coldcut, Black Box o Inner City que marcan el camino de lo que luego replicarán artistas como Moloko o los Chemical Brothers. Todos los *tracks* ideales para entender lo que se viene.

ACID HOUSE

A

Pump Up The Jam
(Technotronic)

Theme From S'Express
(S'Express)

Beat This
(Bomb The Bass)

People Hold On
(Coldcut)

Jack To The Sound Of The Underground
(Hithouse)

Loco Mia
(Loco Mia)

Good Life
(Inner City)

B

The Only Way is Up
(Yazz)

Everybody Everybody
(Black Box)

Pump Up The Volume
(M/A/R/R/S)

If Only I Could
(Sydney Youngblood)

Buffalo Stance
(Neneh Cherry)

Ritmo De La Noche
(Lorca)

LA CINTA PERFECTA 60

127

Bonus Track: Soundtracks

Y como lo estamos pasando estupendamente bien y no quiero dejarte tan pronto, he escondido esta cinta *bonus track* al final para estirar un poco más el disfrute de tu compañía.

Los *soundtracks* vivieron una era dorada en los 80. Quizás sería muy atrevido de mi parte decir que fue la mejor en su historia —la siguiente década será brutal—, pero el efecto que tuvieron las BSO en la sociedad por aquellos años fue gigantesco. Tan así, que en muchos casos estoy seguro de que puedes reconocer una canción de tal o cual película, pero no tener ni el más mínimo recuerdo de su trama.

El éxito que popularizó las bandas sonoras estalló la década anterior con el tremendo pelotazo que pegaron los Bee Gees con las canciones de *Saturday Night Fever*. Durante años fue la BSO más vendida de la historia —17 millones de copias vendidas, fue destronada por *The Bodyguard* de Whitney Houston en 1992 con la friolera de 27 millones—. A partir de ese momento, los estudios de cine y las compañías discográficas vieron el tremendo filón que tenían para producir películas para adolescentes repletas de potenciales *hits* para reventar en las listas. Eso era oro en polvo y dinero entrando en caja constantemente.

Surgieron nuevas películas musicales travestidas en videoclips de 90 minutos, como es el caso de *Fame*, *Flashdance*, *Footloose* o *Dirty Dancing*, todos *blockbusters* absolutos que llenaron salas y vendieron discos a cascoporro.

No podemos hablar del éxito de los *soundtracks* en los ochenta sin hablar del director John Hughes, un tipo que supo combinar las comedias románticas adolescentes con los mejores *soundtracks ever. The Breakfast Club*, *Pretty in*

Pink o *Sixteen Candles*, clásicos *teenagers* que, a día de hoy, siguen homenajeando en películas, series, camisetas, tazas y lo que se les cruce por el camino.

Otro éxito brutal de los ochenta fue la película de Prince *Purple Rain* —costó menos de 8 millones y recaudó más de 80—, película y *soundtrack* se realimentan para elevar el fenómeno de Prince hasta convertirlo en leyenda. Tan bestia fue el éxito, que Prince se animó con otra película en los 80 (*Under a Cherry Moon*) y la secuela de *Purple Rain, Graffiti Bridge*. Como películas fueron un fracaso, pero los *soundtracks* se vendieron como pan caliente.

Y por último, no podemos dejar de mencionar enormes canciones y artistas clásicos que tuvieron su *comeback* gracias a *blockbusters* de aquella época: Roy Orbison con *Pretty Woman,* Ben E. King con *Stand By Me* y los Beach Boys con *Kokomo* para la película *Cocktail*.

MI DISCO FAVORITO

Definitivamente y sin lugar a duda, el *soundtrack* de la película *Pretty in Pink*.

Hace unos años, buscando vinilos de segunda mano, lo encontré y se me "atrasó" inmediatamente el cerebro a mis 18 años. Debo confesar que la película me parece tremendo bodrio, la trama es flojísima y un enorme sinsentido —como la adolescencia misma—, pero ese disco contiene canciones de muchas de mis bandas favoritas: The Smiths, New Order, Echo & the Bunnymen, The Psychedelic Furs, OMD, INXS... ¡Era el *soundtrack* de mi vida!

131

Cada vez que ese disco vuelve a sonar, se me estruja el corazón de emoción adolescente y recuerdo aquellos años paseando con esta cinta en mi *walkman* dando vueltas sin parar.

¿Qué vamos a encontrar en esta cinta?

Puedo decir sin temor a equivocarme, que todas las canciones de esta cinta fueron pelotazos imparables y, si ya pasaste más de medio siglo en este planeta, seguramente tuviste en tu colección al menos cinco de estos *soundtracks*.

Personalmente, tengo debilidad por *Maniac* de Michael Sembello (temazo), *Footloose* de Kenny Loggins —hay un antes y un después en mi vida adolescente por culpa de esa película y Kevin Bacon— y por *Don't You Forget About Me* de Simple Minds.

Y cierro con el *Batdance* de Prince casi como un ejercicio antropológico. La campaña de *marketing* que acompañó el lanzamiento de la película *Batman* de Tim Burton fue increíble y todo el mundo estaba esperando conocer la canción que Prince había compuesto. Imaginaos la sorpresa cuando lo que sonó era una colección de *samples* de la película con cambios de ritmo e imposible de cantar o bailar (la canción con el nombre más mentiroso de la historia). Una vez más, el demonio de Minneapolis hizo lo que quiso y se adelantó al sonido que vendría los siguientes años. Genio y figura.

SOUNDTRACKS

A

B

Fame
(Irene Cara)

Xanadu
(Olivia Newton-John)

Maniac
(Michael Sembello)

Eye Of The Tiger
(Survivor)

Footloose
(Kenny Loggins)

The Power Of Love
(Huey Lewis And The News)

Ghostbusters
(Ray Parker Jr.)

● (I've Had) The Time Of My Life
Bill Medley, Jennifer Warnes

● The Heat Is On
Glenn Frey

● Kokomo
The Beach Boys

● Don't You (Forget About Me)
Simple Minds

● Pretty In Pink
The Psychedelic Furs

● Take My Breath Away
Berlin

Batdance
Prince

LA CINTA PERFECTA 60

133

Si has llegado hasta aquí, gracias por acompañarme en este viaje a través de mis recuerdos. Espero haber despertado en tu memoria recuerdos de aquellos años que marcaron nuestros gustos musicales para toda la vida. Seguro que te lleves algo bueno de todo esto.

Y repito mi invitación a que crees tus propias cintas con aquellas canciones que cada vez que escuchas, te provocan recuerdos y sensaciones de esas que no puedes explicar. Estamos hechos básicamente de la materia que componen esas estrofas que habitan en tu cabeza y en tu corazón.

Ya sabes, cuando no sepas qué escuchar, aquí me tienes.